小学版
suitable for primary school

优秀中小学科创教材
基于STEM教育理念 · PBL项目式学习方式编写

传感器与科技创新

东莞市教育局教研室 编著

南方日报出版社
NANFANG DAILY PRESS
中国 · 广州

图书在版编目（CIP）数据

传感器与科技创新：小学版 / 东莞市教育局教研室编著. — 广州：南方日报出版社，2020.8（2021.6重印）
ISBN 978-7-5491-2154-0

Ⅰ. ①传… Ⅱ. ①东… Ⅲ. ①科学技术—小学—教学参考资料
Ⅳ. ①G624.63

中国版本图书馆CIP数据核字（2020）第006525号

CHUANGANQI YU KEJI CHUANGXIN XIAOXUE BAN
传感器与科技创新·小学版

编　　著： 东莞市教育局教研室
出版发行： 南方日报出版社
地　　址： 广州市广州大道中289号
出 版 人： 周山丹
责任编辑： 方　明　曹　星
责任校对： 肖　颖
责任技编： 王　兰
经　　销： 全国新华书店
印　　刷： 广州市尚铭印刷股份有限公司
开　　本： 787 mm × 1092 mm　1/16
印　　张： 12.25
字　　数： 150千字
版　　次： 2020年8月第1版
印　　次： 2021年6月第2次印刷
定　　价： 36.00元

投稿热线：（020）87360640　　读者热线：（020）87363865
发现印装质量问题，影响阅读，请与承印厂联系调换

编 委 会

主　　　编：黄振余

副 主 编：卢名远　邓汉盘

主要编写人员：邓汉盘　唐路胜　祁泽滔

　　　　　　程马峰　香荏堂

前言

建立国家创新体系，走创新型国家之路，已成为世界许多国家政府的共同选择，我国也把推进自主创新、建设创新型国家作为落实科学发展观的一项重大战略决策，并在2016年正式实施《国家创新驱动发展战略纲要》，为国家实施创新驱动发展战略进行了顶层的设计。而创新人才的培养，在中小学是一个非常重要的阶段，东莞市教育局2014年开始建设“百校创新人才培育基地”，2018年开始建设近百所创客教育学校，这些措施，把东莞科技教育的布局推上一个新的台阶，也正是在这一背景下，东莞市教育局教研室汇集市内骨干教师，编写了本系列教材。

本系列教材涉及的传感器共35个，其中小学27个，中学23个，涉及的传感器类型有环境监测类、通讯类、多媒体类，覆盖了市场上大部分常见的传感器，这些传感器按难易程度分布在不同的学段和章节中，学生学完这些传感器相关知识后，科学综合素养将会进一步提升。

本系列教材尝试利用基于项目的方式来培养学生的工程思想，以创意物化为目的，采用模仿、改造、自创的思路，让学生先学传感器基础理论知识，再跟着课程模仿动手制作项目，掌握基本传感器技术，最后利用学到的传感器知识来进行自我项目的开发。课程设计理念符合美国教育家杜威提出的“在做中学”教学原则。

学生传感器技术应用和科技创新思维的培养是本系列教材的两个目标，创新思维技法在学生自创环节，将更加开拓学生的思维，为学生自创项目增添梦想，而传感器技术的加入，则提升项目的技术含量，让学生科技综合素养得到更好的提升。希望老师们在使用本系列教材的时候，能紧扣这两大目标进行教学，同时也希望本系列教材在培养国家创新人才方面能发挥一些作用。感谢大家对本系列教材的支持！

目录

第十三章　智能走廊——温湿度传感器的应用

第十四章　遥控记分牌——红外遥控器的应用

第十五章　打地鼠——触摸传感器、录音模块的应用

第一章

羞羞钱管家

——红外传感器、录音模块的应用

学习体验

观察与思考

同学们在什么情况下见过带自动功能的物品呢？你们想过这些物品是通过什么实现全自动的吗？是的，在很多公共场所都有这样的门、灯、垃圾桶、水龙头，只要感应到物体接近，它们就会自动启动，完全不需要人手控制。现在我们来观察这些物件的结构，如果将这些结构放在存钱罐上，那将会是一个怎样的存钱罐呢？也许你们会从中得到一点启发。

图 1-1　感应门闸

图 1-2　自动门

图 1-3　自动水龙头

图 1-4　智能垃圾桶

任务

同学们家里一般都有这样或那样的存钱罐，如果我们做一个能感应到钱放进去的存钱罐，这样是不是更有意思呢？

项目筹备

（一）组建团队

请组建你的项目小组，交流讨论并对组内人员进行分工。

（二）准备器材

本项目需要的传感器和其他器材如表 1-1 所示。

表 1-1　所需器材

序　号	名　称	数　量	备　注
1	红外传感器	1 个	用来检测物体
2	录音模块	1 个	用来发出声音
3	机器人 DIY 主板	1 块	主控器
4	结构件	1 套	搭建外观
5	螺丝	若干	连接结构

结构件清单如下：

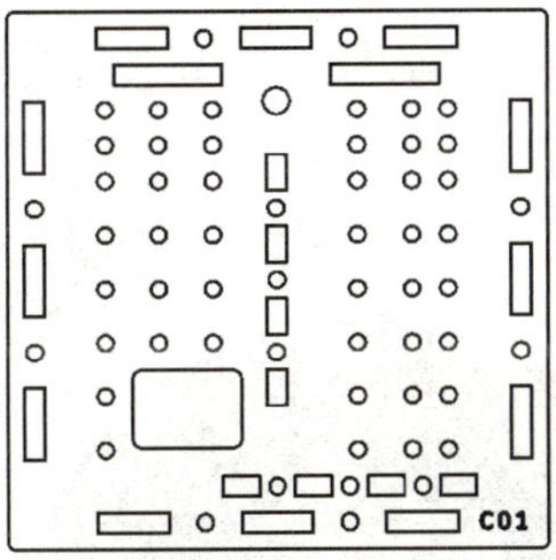

C01 × 1

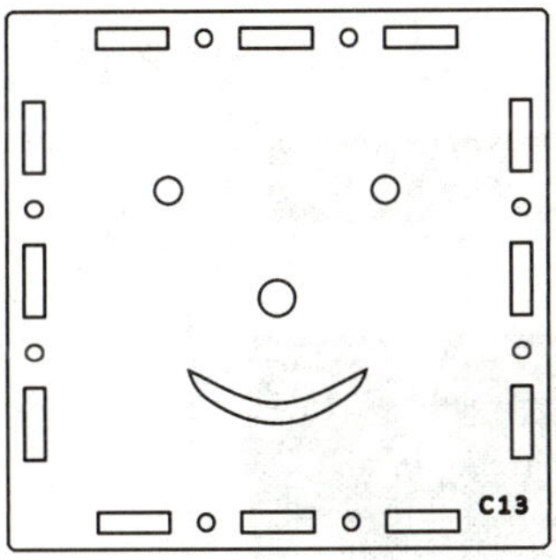

C13 × 1

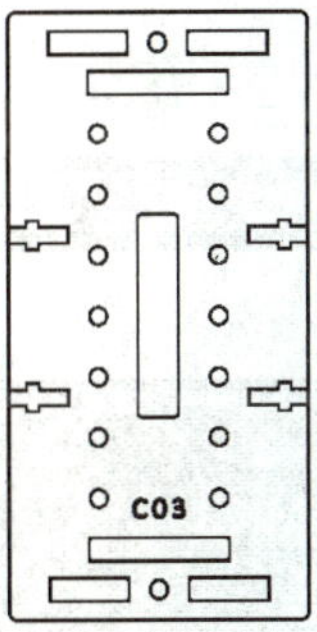

C03 × 1

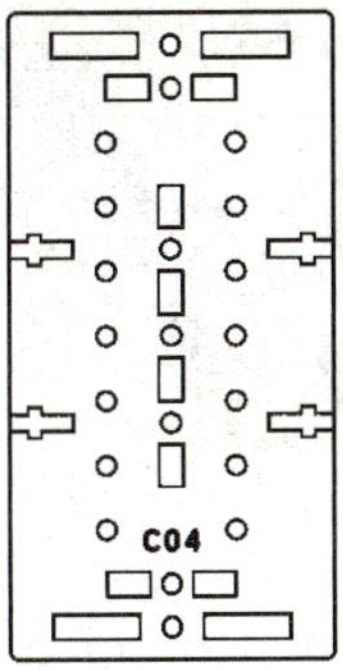

C04 × 1

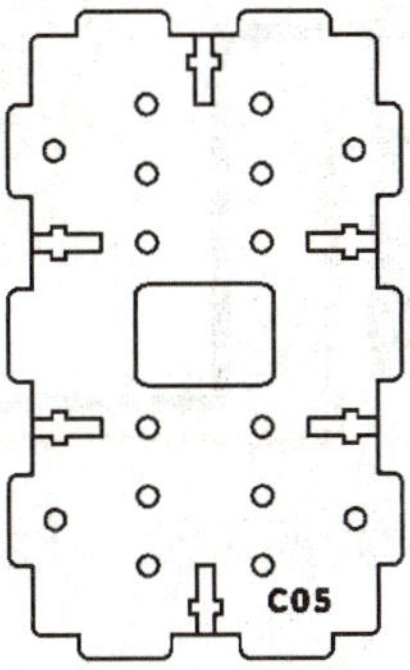

C05 × 1

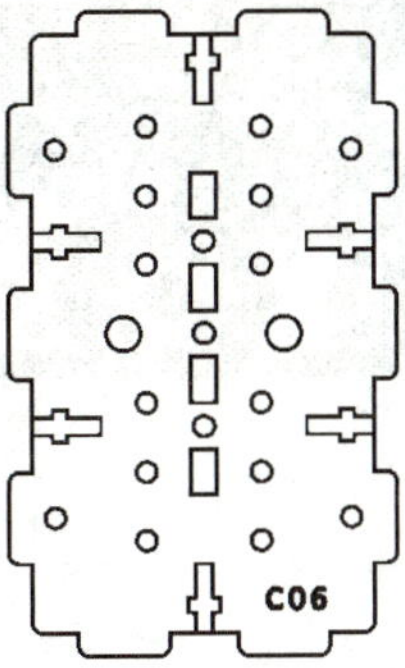

C06 × 1

（三）知识准备

1. 红外传感器。

红外传感器的作用是检测前方一定范围内是否有物体，它和主板的接线如图 1–5 所示。红外传感器的编程图标是 红外 数字端口 端口▾ 。我们可以通过图 1–6 的程序来检测是否有物品靠红外传感器。

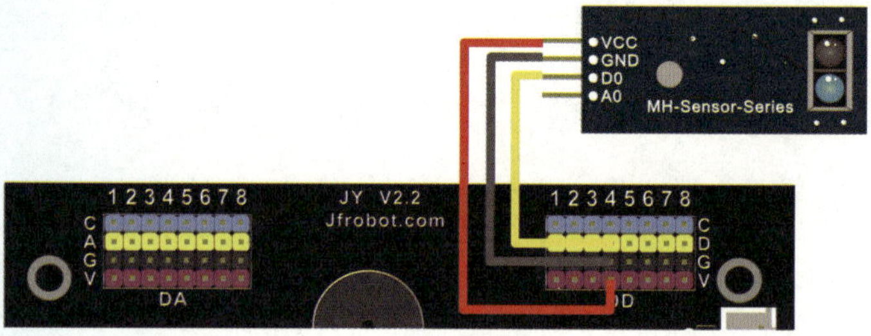

图 1–5　红外传感器和主板接线图

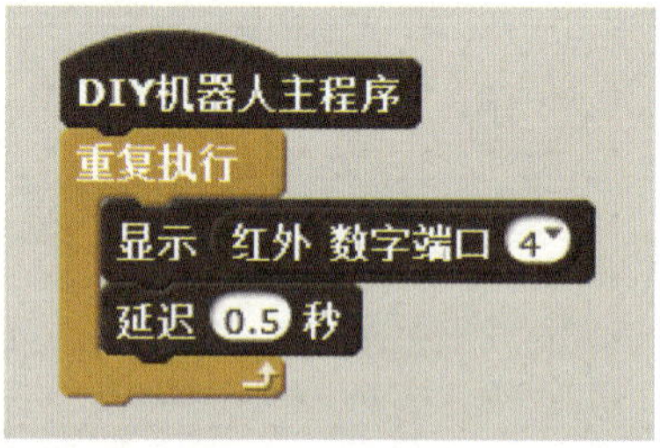

图 1–6　红外线检测程序

2. 录音模块。

录音模块就是将所要说的语言录进传感器里面，当检测到信号时录音模块将会播放所录进的声音，从而达到语音提示的效果，它和主板的接线如图 1–7 所示，录音模块的编程图标是 录音模块 数字端口 端口▾ 状态 开▾ 。

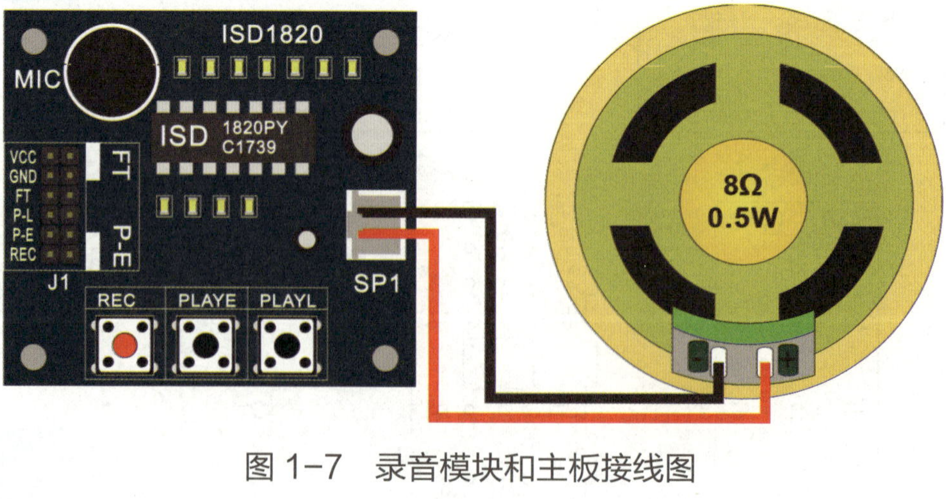

图 1–7　录音模块和主板接线图

动手实践

（一）描述过程

根据任务，分析过程如下：

1. 红外传感器感应到物品则为 1。

2. 当红外传感器为 1 时，将会把信号传到 LED 灯和录音模块上。

3. LED 灯亮起，录音模块播放声音，用时需要 3 秒。

4. 关闭 LED 灯和录音模块。

（二）制作实物

羞羞钱管家的安装分为两部分，第一部分是主体的搭建，第二部分是传感器和录音模块的安装，具体制作步骤如下。

1. 主体的搭建。

主体的搭建需要的结构件编号是 C01、C03、C04、C05、C06、C13，主体的结构搭建步骤如图 1–8 到图 1–15 所示。

用编号为 C03、C04、C05、C06 的结构件搭建 4 个面，并上好螺丝，效果如图 1–8 所示。

图 1–8　搭建主体的 4 个面

在 C01 结构件中的 4 个红色圈位置上，利用螺丝固定 12 mm 的铜柱，效果如图 1–9 所示；安装主板，效果如图 1–10 所示。

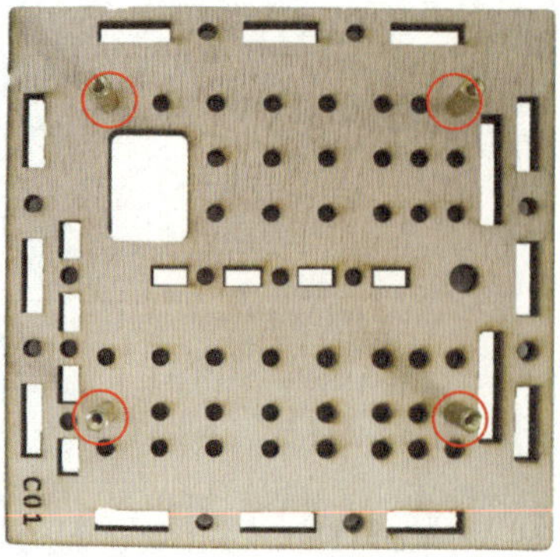

图 1–9　固定钢柱

图 1–10　安装主板

把安装好的电路板的结构与图 1–8 的主体结构组合在一起，效果如图 1–11 所示。

图 1–11　电路板与主体结构组合

在 C13 的结构件上安装 LED 灯，效果如图 1–12、图 1–13 所示，其中图 1–12 是背面，图 1–13 是正面。

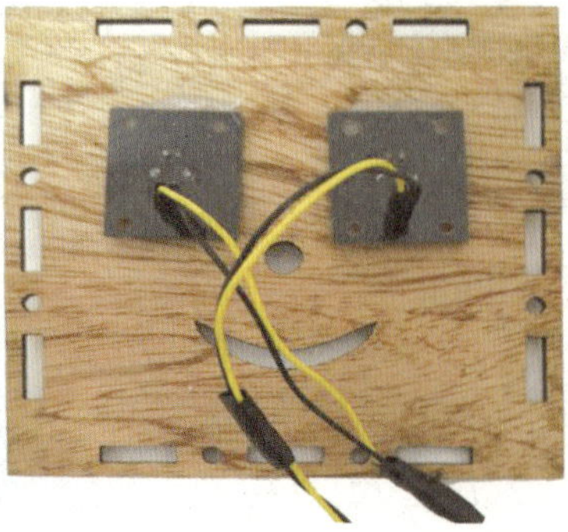

图 1–12　安装 LED 灯后的背面

图 1–13　安装 LED 灯后的正面

在图 1–11 的主体结构上安装并固定好红外传感器，效果如图 1–14 所示，然后在侧面安装录音模块，效果如图 1–15 所示。注意在安装过程中，要将红外传感器安装在盒子的里面，并要调节红外传感器的位置。

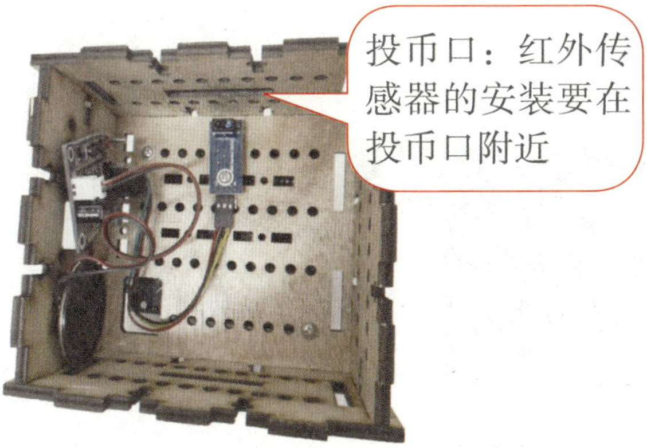

图 1–14　安装红外传感器

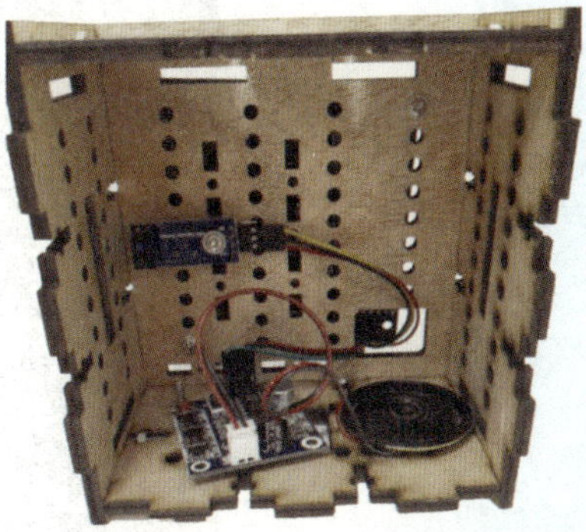

图 1–15　安装录音模块

2. 传感器与主板连接，如图 1–16 所示。

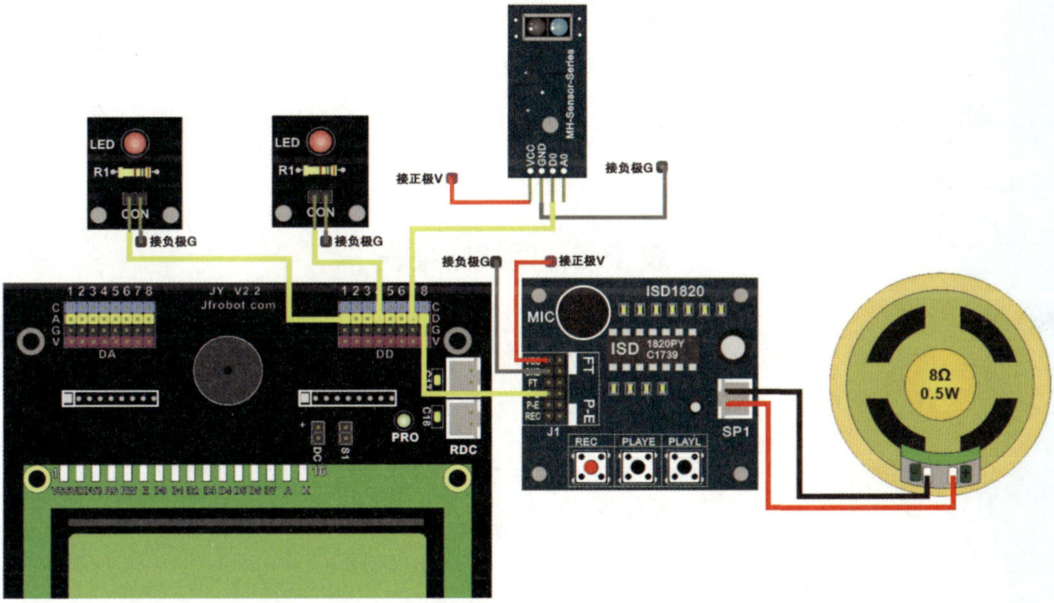

图 1–16　红外传感器与主板接线图

（三）编程调试

羞羞钱管家的程序如图 1–17 所示。（注：调试程序时要注意红外传感器的位置和距离是否适合，如果不合适则调节灵敏度旋钮。）

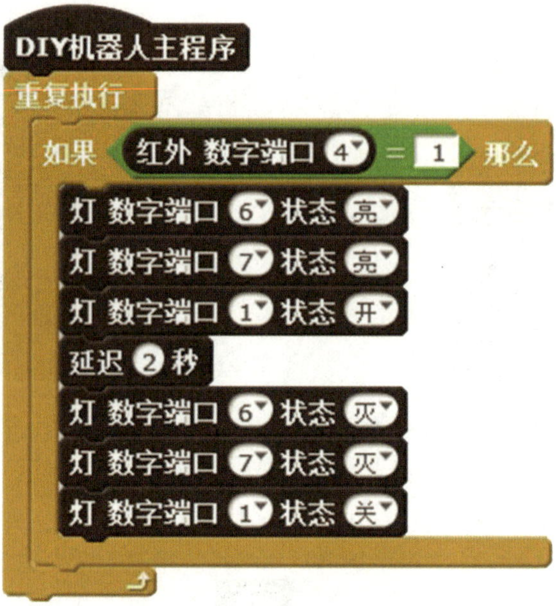

图 1–17　程序编写

编写程序后，请同学们把程序下载到主板中运行调试，在表 1–2 上记录调试情况。

表 1–2　调试记录表

序　号	内容和现象	修改的模块和参数
1	放入硬币时，LED 灯是否亮，录音模块是否播音 ________________	
2	________________	
3	________________	

（四）修正完善

改造 1：控制这个灯的亮灭，是否可以用做其他的设备呢？

改造 2：如果利用这个装置做交通信号灯应怎么改造呢？

思维发散

请大家思考，利用红外感应和 LED 灯还能做什么呢？

创意物化

同学们，在这里我们已经掌握了羞羞钱管家的基本制作原理，学会了红外传感器和录音模块的控制方式，它们除了可以用来制作羞羞钱管家之外，还能用来做什么呢？

1. 头脑风暴，确定主题。

请大家根据本节课所掌握的知识，尝试制作以下作品：（1）楼梯灯；（2）警戒线提醒器；（3）防走丢神器；（4）自己感兴趣的项目，与同学们分享。表1–3是创意物化作品的功能说明，请同学们选择自己感兴趣的项目来完成。

表 1–3 创意设计案例参考表

序 号	项 目	功 能
1	楼梯灯	当有人走过时，灯亮起来
2	警戒线提醒器	当有人越过警戒线时，就发出声音
3	防走丢神器	当小孩离开家长一定距离时，就会发出警示声
4		

2. 小组分工，完成表 1–4。

表 1–4 小组人员分工表

项目名称：______		组 别：______
分工内容	姓 名	备 注
设计组		
编程组		
美工组		
操作组		
讲解组		

3. 作品设计图。

4. 制作过程记录。

交流评价

1. 向同学们展示自己的作品，同时收集同学们给你的意见，并把你的优化计划写在下面的框里。

2. 请同学们利用作品评价表 1–5 对同学或自己的作品进行评价。

表 1–5　作品评价表

评价与收获，请为小星星涂上颜色				
评价指标	创新创意	技术功能	外观设计	分享表达
自己评价	☆☆☆☆☆	☆☆☆☆☆	☆☆☆☆☆	☆☆☆☆☆
同学评价	☆☆☆☆☆	☆☆☆☆☆	☆☆☆☆☆	☆☆☆☆☆
老师评价	☆☆☆☆☆	☆☆☆☆☆	☆☆☆☆☆	☆☆☆☆☆
作品改进建议：				

阅读拓展

红外传感器的未来

随着科学技术水平的提高、计算机微处理器技术的发展、现代数字信号处理技术的提升、新型半导体等材料的推出和加工制造工艺等各方面的进步，红外传感器近年发展迅猛。

随着微电子技术的发展和传感器的应用领域的不断扩大，红外传感器正从小型、单一功能，向大型化、多功能化方向发展。如国外所研制的大型红外传感器（16×16到64×64像素）除可进行温度场测量外，还可获得先进的、小型红外传感器所不具有的人体探测功能（即可精确定位个人在空间中的位置，即使人不活动，也可识别出来）或大型区域的安全监视等功能，十分适宜于家庭自动化、医疗保健、安全防护等场合的应用。此外，新型多光谱传感器的研制，也大大改善了红外成像阵列的功能性。用新型材料和处理技术，使得传感器的红外探测率提高，响应波长增大，响应时间缩短，像素灵敏度和像素密度更高，抗干扰性能提高，生产成本降低。如Pyreos和Irisys公司已推出薄膜和陶瓷混合的新型热释电敏感技术，使得敏感元件可以实现阵列化。

图 1-18　采用红外传感器技术的导航仪

第二章

弹珠计数器

——轨迹传感器的应用

学习体验

观察与思考

同学们，六一儿童节，学校举行了很多有趣的活动，其中有一个活动叫夹弹珠，活动的内容是在一分钟时间里，看谁用筷子夹到的玻璃弹珠最多。比赛结束的时候，如果用人工来数弹珠的数量，比较麻烦，而且容易出错，那有什么办法可以又快又好地清点出玻璃弹珠的数量呢？我们可以设计一个弹珠计数器帮助我们计数吗？

图 2-1　夹弹珠游戏

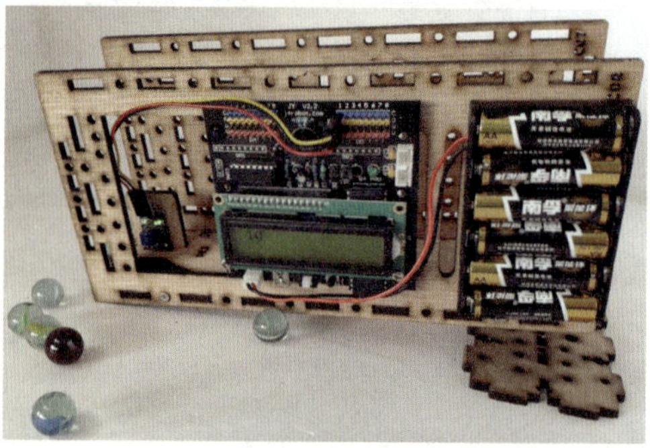

图 2-2　弹珠计数器

任务

今天我们就来设计一个弹珠计数器来帮助我们快速地计数。

项目筹备

（一）组建团队

请组建你的项目小组，交流讨论并对组内人员进行分工。

（二）准备器材

本项目需要的传感器和其他器材如表 2–1 所示。

表 2–1　所需器材

序　号	名　称	数　量	备　注
1	轨迹传感器	1 个	检测弹珠是否经过
2	机器人 DIY 主板	1 块	主控器
3	M3 螺丝、铜柱	若干	搭建外观
4	M3 尼龙铆钉	若干	连接结构
5	玻璃弹珠	若干	测试使用

结构件清单如下：

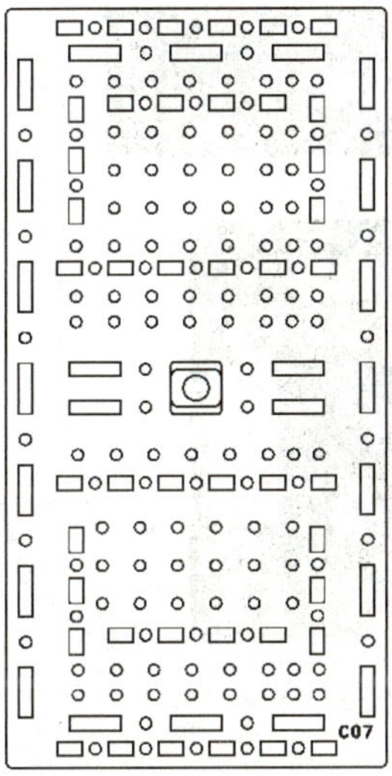

C07 × 1

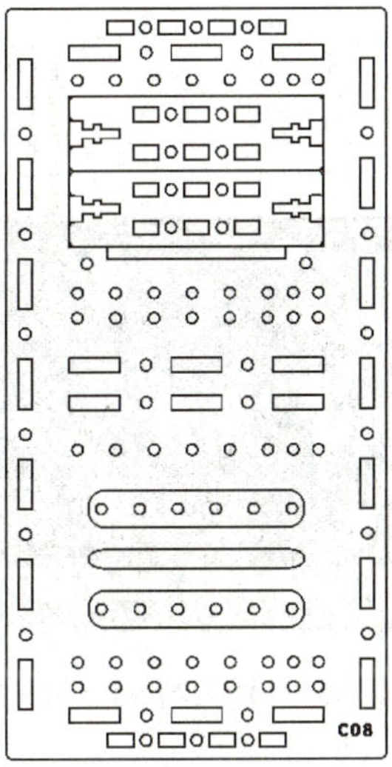

C08 × 1

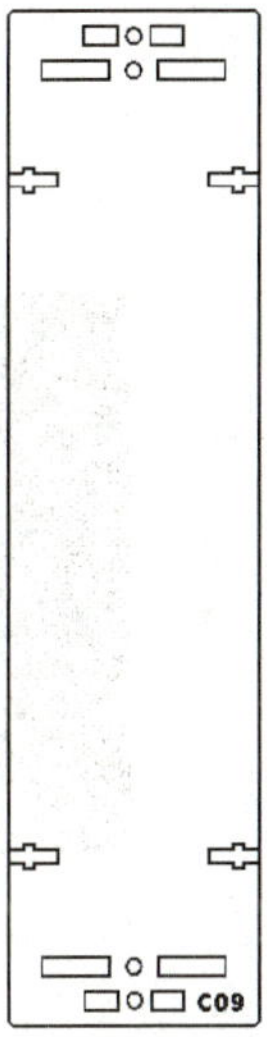

C09 × 1

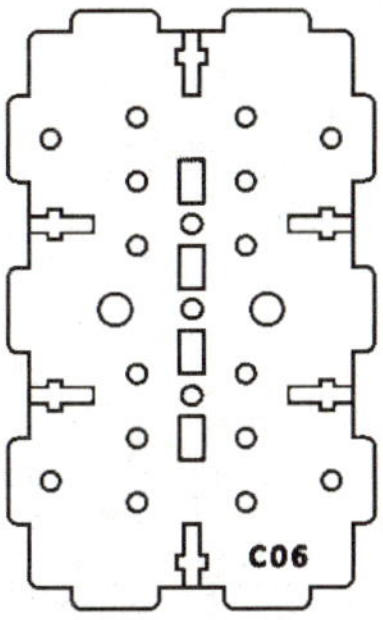

C06 × 1

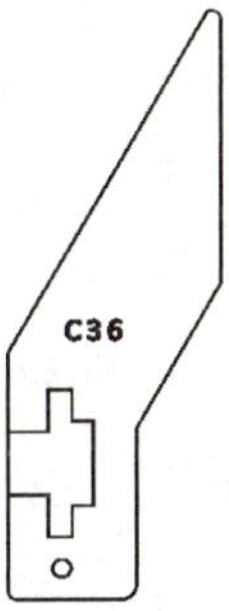

C36 × 1

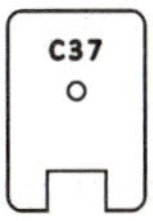

C37 × 1

（三）知识准备

轨迹传感器又称为“循迹模块”“寻线传感器”“循迹传感器”，也可以称为 TCRT5000 反射型光电开关，它的工作原理是通过自身所带的红外发射二极管不断发射红外线，当发射出的红外线没有被反射回来或被反射回来但强度不够大时，红外接收管一直处于关断状态，此时模块的输出端为高电平，指示二极管一直处于熄灭状态；被检测物体出现在检测范围内时，红外线被反射回来且强度足够大，红外接收管饱和，此时模块的输出端为低电平，指示二极管被点亮，可配电位器调节灵敏度，输出形式是数字开关量（0 或 1），如果接 AO 接口输出是模拟量（0—255）。它和主板的接线如图 2-3 所示，轨迹传感器的编程图标是 轨迹 数字端口 1。

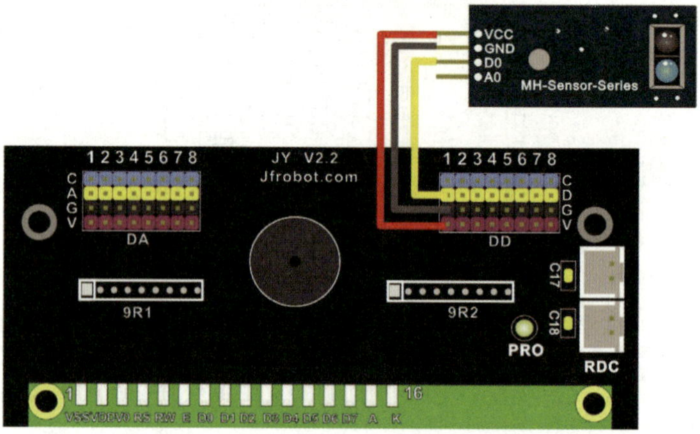

图 2-3　轨迹传感器与主板接线图

动手实践

（一）描述过程

根据任务，分析过程如下：

1. 定义变量 jishu，并赋值为 0。

2. 如果轨迹传感器检测到有玻璃弹珠经过并完全经过轨迹传感器检测范围（防止重复计算）时，变量 jishu 加 1，并显示在屏幕上。

3. 重复以上过程。

（二）制作实物

弹珠计数器的安装主要分为两部分，第一部分是主体的搭建和传感器的安装，第二部分是传感器和主板的连线，具体制作步骤如下。

1. 主体的搭建与传感器的安装。

主体的搭建需要用到的结构件编号为 C06、C07、C08、C09、C36、C37。

将 C07、C08、C09、C36 结构件用 M3 螺丝组合起来，如图 2–4 所示。

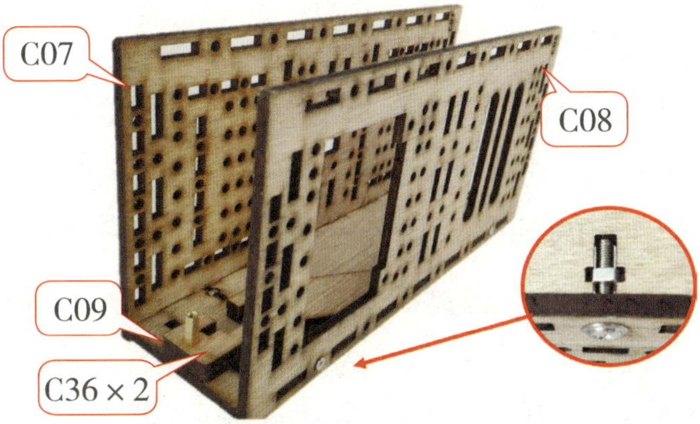

图 2–4　主体搭建

将 C06、C09 结构件用 M3 螺丝和铜柱组合起来，形成一个斜面，方便弹珠滚动，如图 2–5 所示。

图 2–5　斜面搭建

把轨迹传感器用 M3 螺丝固定在结构件 C37 上，并插入 C36 结构件插槽，如图 2–6 所示。用尼龙柳钉或 M3 螺丝把主板和电池盒固定在 C08 结构件上，如图 2–7 所示。

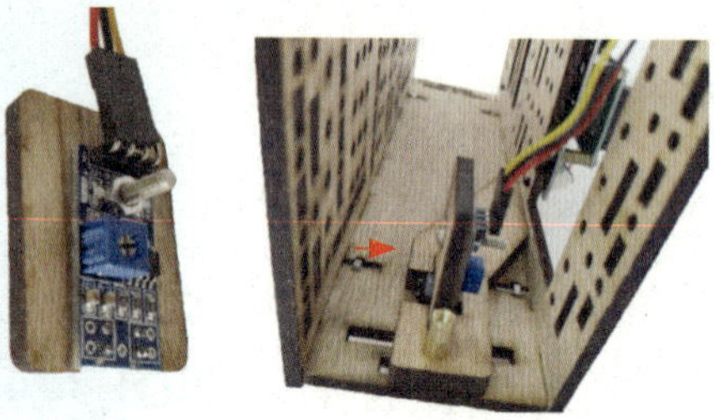

图 2–6　轨迹传感器固定

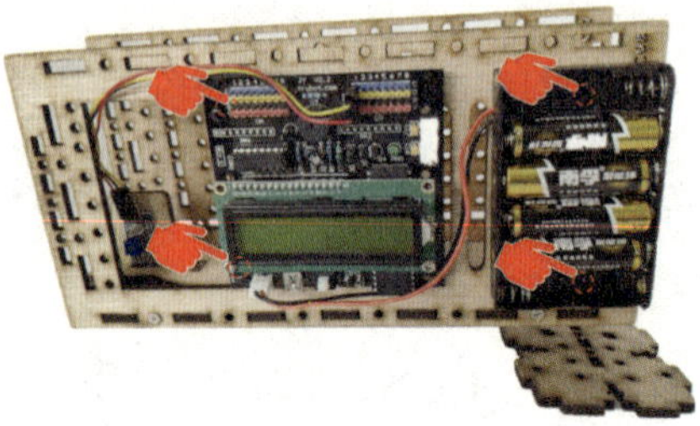

图 2–7　主板和电池盒固定

2. 传感器与主板的连线。

如图 2–3 连线示意图所示，将“轨迹传感器”接到主板的数字端口，本案例接在端口 1（接哪个数字端口都可以，要在程序中的端口选相应的端口），注意线的顺序，接反可能会烧毁电子原件，请确认接正确后再通电测试。轨迹传感器有 4 个针脚，只用到 VCC、GND、DO3 个针脚，AO 为空置针脚，不接线。为了减少出错，一般红线接 VCC（正极），黑线接 GND（负极），黄线接 DO。

（三）编程调试

打开 Scratch 编程软件，按照图 2–8 来编程调试并运行。

图 2–8　编程调试

编写程序后，请同学们把程序下载到主板中运行调试，并在表 2-2 上填写调试记录。

表 2-2　调试记录表

序　号	内容和现象	修改的模块和参数
1	玻璃弹珠滚过轨迹传感器检测区域，主板屏幕不会加 1，可能是什么原因：______	
2	用小十字螺丝刀调节轨迹传感器灵敏度，玻璃弹珠经过检测区域时开关指示灯是否变化：______	
3	还有其他问题吗？______	

（四）修正完善

请同学们开动脑筋，奇思妙想，对弹球计数器进行改造。例如：改造外形，使它更容易放入弹球。

思维发散

同学们思考一下，对于上面的作品，我们还能做什么改进？有没有其他传感器同样能实现弹珠计数器的功能？

创意物化

同学们，我们已经掌握了弹珠计数器的基本制作原理，在这里我们学会了轨迹传感器的控制方式。轨迹传感器除了可以用来制作计数功能以外，还能用来做什么呢？

1. 头脑风暴，确定主题。

请大家根据本节课所掌握的知识，尝试制作以下作品：（1）门窗防盗器；（2）自动化分拣系统；（3）自动盖章器；（4）自己感兴趣的项目，与同学们分享。各项目功能要求如表 2-3 所示。

表 2-3　创意设计案例参考表

序　号	项　目	功　能
1	门窗防盗器	轨迹传感器检测门窗是否打开，如果非法打开就发出报警声
2	自动化分拣系统	利用轨迹传感器，对特定灰度的物品进行分拣，找出颜色不一样的物品
3	自动盖章器	轨迹传感器检测到有纸张送进来就自己驱动电机盖章
4		

2. 小组分工，完成表 2-4。

表 2-4　小组人员分工表

项目名称：________		组别：________
分工内容	姓　名	备　注
设计组		
编程组		
美工组		
操作组		
讲解组		

3. 作品设计图。

4. 制作过程记录。

交流评论

1. 向同学们展示自己的作品，同时收集同学们给你的意见，并把你的优化计划写在下面的框里。

2. 请同学们利用作品评价表 2–5 对同学或自己的作品进行评价。

表 2-5　作品评价表

评价与收获，请为小星星涂上颜色				
评价指标	创新创意	技术功能	外观设计	分享表达
自己评价	☆☆☆☆☆	☆☆☆☆☆	☆☆☆☆☆	☆☆☆☆☆
学生评价	☆☆☆☆☆	☆☆☆☆☆	☆☆☆☆☆	☆☆☆☆☆
老师评价	☆☆☆☆☆	☆☆☆☆☆	☆☆☆☆☆	☆☆☆☆☆
作品改进建议：				

阅读拓展

光电传感器的介绍

轨迹传感器是光电传感器的一种，光电传感器是通过把光强度的变化转换成电信号的变化来实现控制的。光电传感器家族中有槽型光电传感器、对射型光电传感器、反光板型光电传感器、扩散反射型光电传感器。目前光电传感器向着智能化发展。智能光电传感器是由传统的光电传感器和微处理器（或微计算机）相结合而构成的，它充分利用计算机的计算和存储能力，对传感器的数据进行处理，并能对它的内部行为进行调节，使采集的数据最佳。智能光电传感器的功能有自补偿能力、自校准功能、自诊断功能、数值处理功能、双向通信功能、信息存储和记忆功能、数字量输出功能。随着科学技术的发展，智能传感器的功能将逐步增强，它将利用人工神经网、人工智能、信息处理技术（如传感器信息融合技术、模糊理论等），使传感器具有更高级的智能，具有分析、判断、自适应、自学习的功能，可以完成图像识别、特征检测、多维检测等复杂任务。

第三章

创意噪声检测仪
——声音传感器、舵机的应用

学习体验

观察与思考

现在经济快速发展，马路上车水马龙，工厂里的设备隆隆作响，菜市场里人声嘈杂，这些身边的噪声在时时影响着我们，妨碍我们正常休息、学习、工作，降低我们的学习、工作效率，损伤我们的听觉器官。

图 3-1　交通噪声

图 3-2　道路施工噪声

图 3-3　建筑施工噪声

图 3-4　生活噪声

任务

制作一个噪声检测仪，检测我们身边的噪声。

项目筹备

（一）组建团队

请组建你的项目小组，交流讨论并对组内人员进行分工。

（二）准备器材

本项目需要的传感器和其他器材如表 3-1 所示。

表 3-1　所需器材

序　号	名　称	数　量	备　注
1	声音传感器	1 个	检测噪音
2	舵机	1 个	指示噪声大小
3	数码管	1 个	显示噪声的数值
4	机器人 DIY 主板	1 块	主控器
5	结构件	1 套	搭建外观
6	螺丝	若干	连接结构

结构件清单如下：

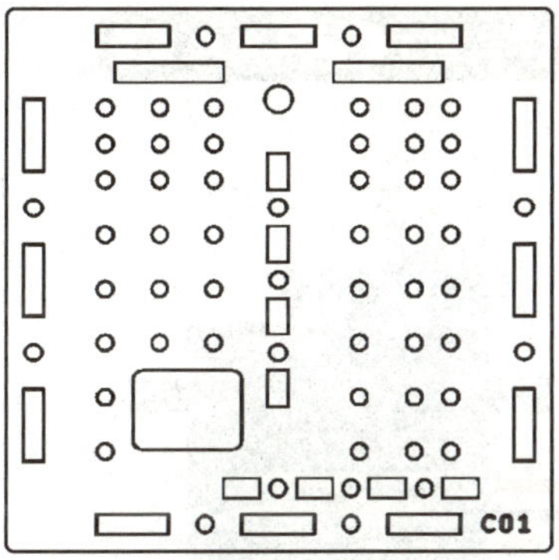

C01×1

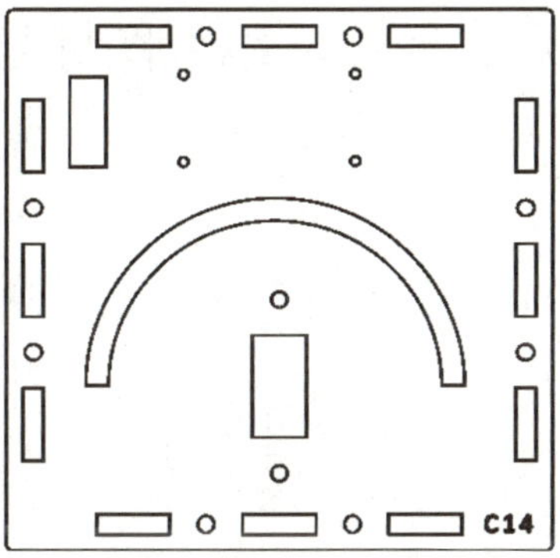

C14×1

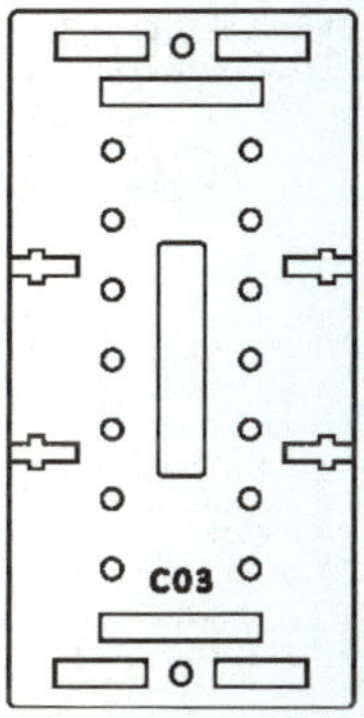

C03×1

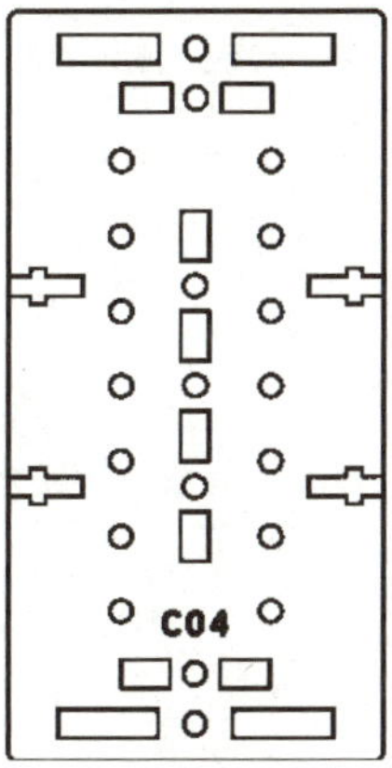

C04×1

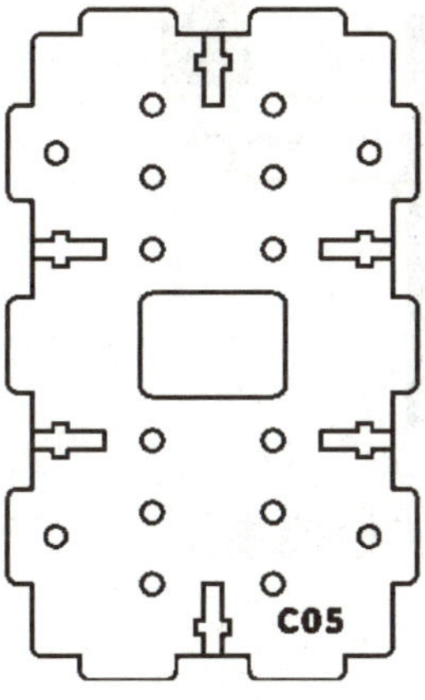

C05×1

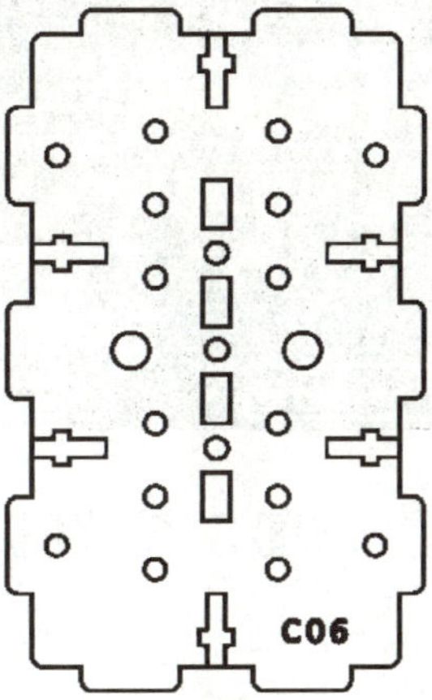

C06×1

指示针 ×1

固定舵机
结构件 ×1

（三）知识准备

1. 声音传感器。

声音传感器的作用是检测周围环境声音的大小，它和主板的接线如图 3–5 所示，声音传感器的编程图标是 声音检测 模拟端口 端口▼。

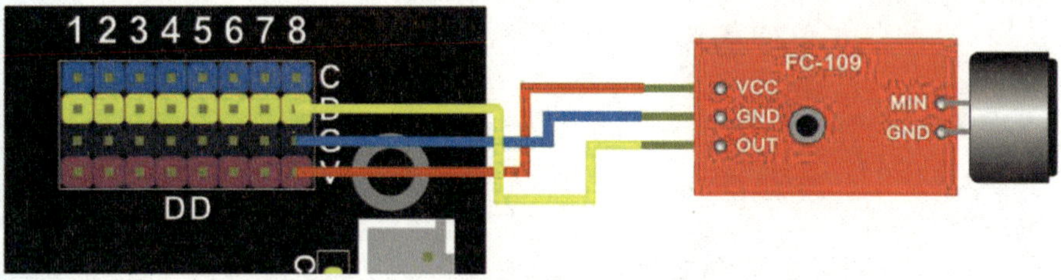

图 3–5　声音传感器与主板接线图

2. 舵机。

舵机相当于电机，但转动的范围一般是 0—180 度。舵机和主板的接线如图 3–6 所示，舵机的编程图标是 舵机 数字端口 端口▼ 角度 90。

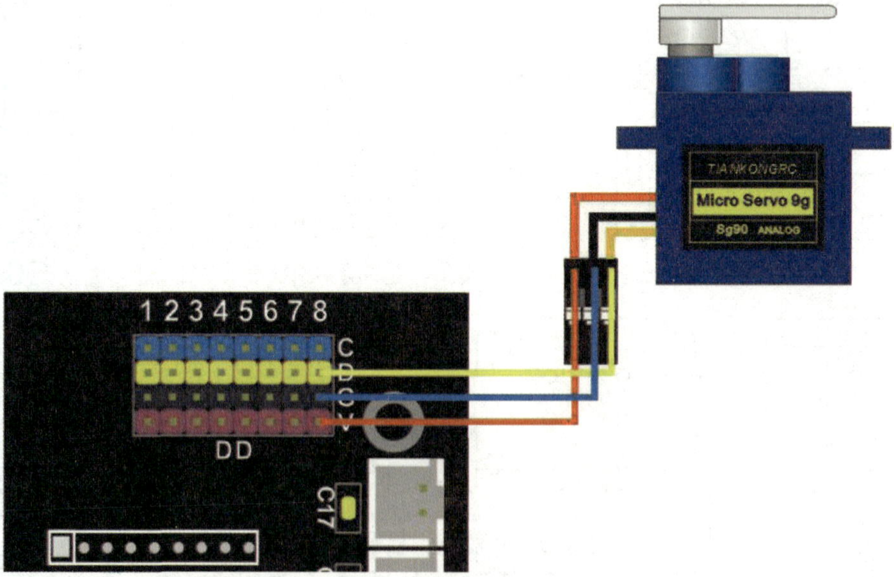

图 3–6　舵机与主板接线图

动手实践

（一）描述过程

根据任务，分析过程如下：

1. 检测声音大小。

2. 把检测到的声音大小的值和舵机的角度数值进行转换。

3. 舵机转动到一定的角度。

4. 重复以上步骤。

（二）制作实物

噪声检测仪的安装分为两部分，第一部分是主体的搭建和传感器的安装，第二部分是传感器和主板的连线，具体制作过程如下。

1. 主体的搭建与传感器的安装。

主体的搭建需要的结构件编号是 C01、C03、C04、C05、C06、C14，主体的结构搭建过程如图 3–7 到图 3–16 所示。

用编号为 C03、C04、C05、C06 的结构件搭建 4 个面，并拧紧螺丝，效果如图 3–7 所示。

图 3–7 结构件搭建

在 C01 结构件中的 4 个红色圈位置上，利用螺丝固定 12 mm 的铜柱，效果如图 3–8 所示；安装主板后，效果如图 3–9 所示。

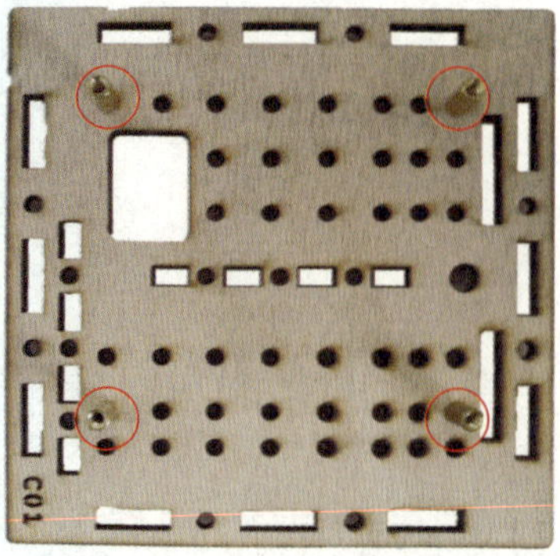

图 3-8　铜柱固定

图 3-9　主板安装

把安装好电路板的结构体与图 3-7 的主体结构组合在一起，效果如图 3-10 所示。

图 3-10　组合效果图

在 C14 结构件上安装舵机，效果如图 3-11 和图 3-12 所示，其中图 3-12 是背面图。固定舵机的螺丝尺寸为 30 mm。

图 3-11　舵机安装效果图

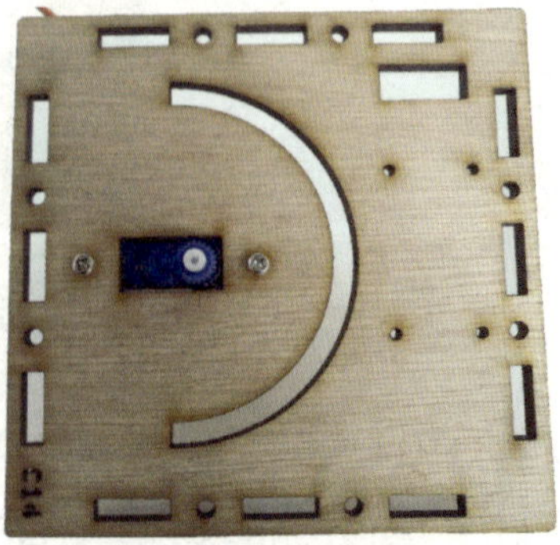

图 3-12　背面图

给声音传感器安装好固定螺丝，红色圈是安装固定螺丝的位置，声音传感器安装好螺丝的效果如图 3-13 所示；把声音传感器安装到 C05 结构件上，然后与装有舵机的 C14 结构件接合一起，效果如图 3-14 所示。

图 3-13　固定螺丝安装

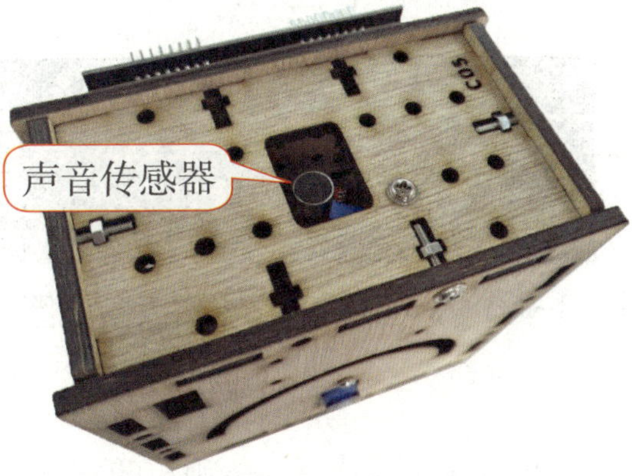

图 3-14　声音传感器安装

给舵机安装好指示针，用 M2 螺丝把数码管固定在 C14 结构件上，效果如图 3-15 所示。

图 3-15　模型效果图

2. 传感器和主板的接线。

如图 3–16 所示，舵机接在数字端口 1，数码管接在数字端口 2，声音传感器接在模拟端口 1，接线的时候注意红色线对准端口 V。

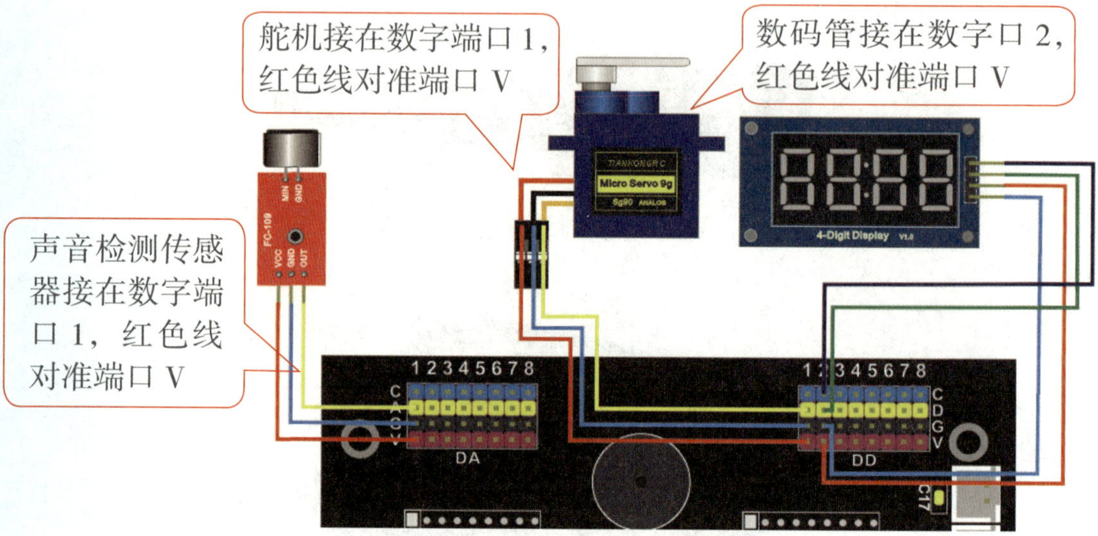

图 3–16　声音传感器与主板接线图

（三）编程调试

1. 新建变量 *xs*，变量 *xs* 是声音检测的值和舵机角度值转换的系数。建立变量的过程如图 3–17 所示。

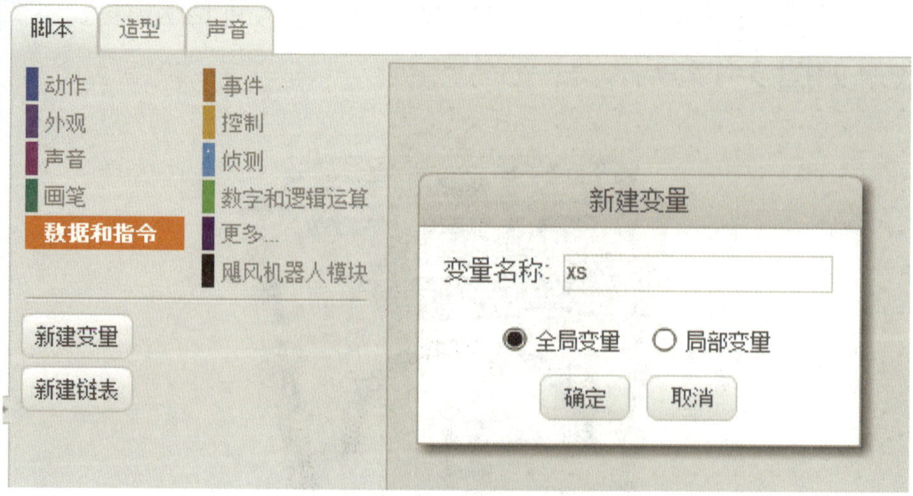

图 3–17　新建变量 *xs*

新建变量 *sy*，变量 *sy* 表示检测到的周围环境声音的大小，如图 3–18 所示。（注：变量的名称不能以数字开头。）

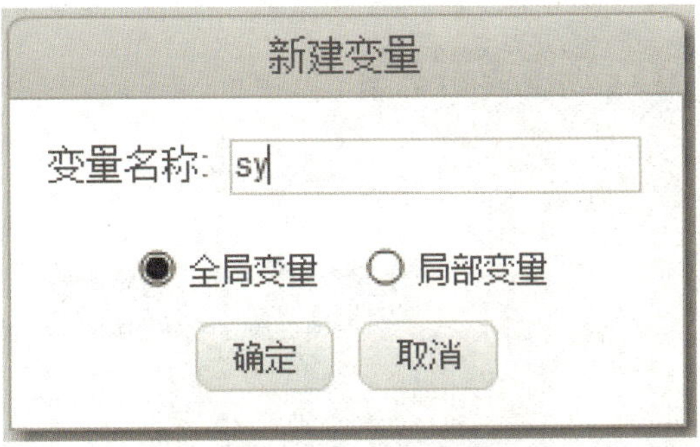

图 3–18　新建立变量 *sy*

2. 拖入主程序图标和变量设置模块，设置变量 *xs* 为 180/255，如图 3–19 所示。

图 3–19　设置变量 *xs*

3. 拖入永远循环模块、舵机模块、声音检测模块、乘法模块，实现连续检测声音的值，并经过系数转换后，设置为舵机的角度，如图 3–20 所示。

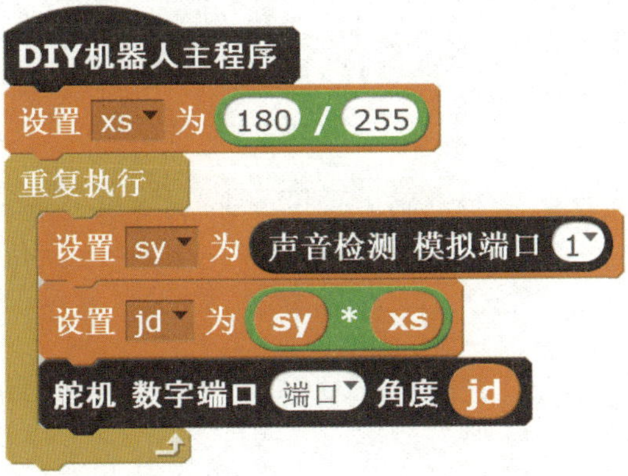

图 3–20　声音检测运行程序

4. 拖入数码管显示模块、延迟模块，把声音的数值显示在数码管上，延迟模块的作用是让程序暂停 0.1 秒，如图 3–21 所示。

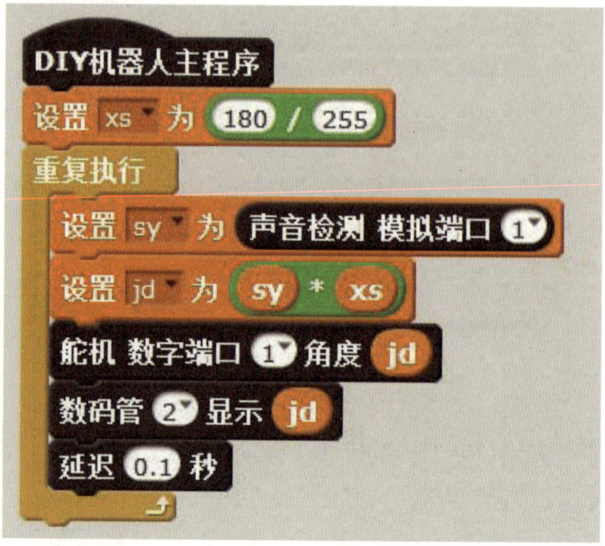

图 3–21　显示模块、延迟模块运行程序

编写程序后，请同学们把程序下载到主板中运行调试，并在表 3–2 上填写调试记录。

表 3–2　调试记录表

序　号	内容和现象	修改的模块和参数
1	按下电源开关，观察噪声检测仪的指示针是否在 0 度开始的位置，如果不是，你的做法是：______	
2	拍手掌，观察噪声检测仪的指示针的变化：______	
3	把噪声检测仪放到嘈杂的地方，观察指示针的变化：______	

（四）修正完善

改造1：请同学们对噪声仪的外形进行改造，做得更加专业些。

改造2：请同学们对声音的采集进行改进，让噪声检测仪更灵活。

思维发散

请同学们思考一下，对于上面的作品，我们还能做什么改进？

创意物化

同学们，在这里我们已经掌握了噪声仪的基本制作原理，学会了声音传感器、数码管和舵机的控制方式。声音传感器除了可以用来制作噪声检测仪之外，还能用来做什么呢？

1. 头脑风暴，确定主题。

请同学们根据本节课所掌握的知识，尝试制作以下作品：（1）声控灯；（2）声音抢答器；（3）声控小车；（4）自己感兴趣的项目，与同学们分享。表3-3是各项目的制作功能要求，请同学们选择自己感兴趣的项目来完成。

表3-3　创意设计案例参考表

序号	项目	功能
1	声控灯	拍手掌，灯亮起来
2	声音抢答器	两人同时拍下手掌，拍手掌快的同学所在位置的灯先亮
3	声控小车	拍手掌声音越高，小车行走速度越快
4		

2. 小组分工，完成表 3–4。

表 3–4　小组人员分工表

项目名称：________		组别：________
分工内容	姓　名	备　注
设计组		
编程组		
美工组		
操作组		
讲解组		

3. 作品设计图。

4. 制作过程记录。

交流评价

1. 向同学们展示自己的作品，同时收集同学们给你的意见，并把你的优化计划写在下面的框里。

2. 请同学们利用作品评价表 3–5 对同学或自己的作品进行评价。

表 3–5　作品评价表

评价与收获，请为小星星涂上颜色				
评价指标	创新创意	技术功能	外观设计	分享表达
自己评价	☆☆☆☆☆	☆☆☆☆☆	☆☆☆☆☆	☆☆☆☆☆
学生评价	☆☆☆☆☆	☆☆☆☆☆	☆☆☆☆☆	☆☆☆☆☆
老师评价	☆☆☆☆☆	☆☆☆☆☆	☆☆☆☆☆	☆☆☆☆☆
作品改进建议：				

阅读拓展

噪声温度计

美国科学家发明了一种新型的温度计，能够利用噪声测量温度。发表在《科学》杂志上的这份研究报告称，这种仪器能够在室温和 −272.15 ℃之间进行准确的测量。噪声对仪器施以电压，产生的电子穿过中间的隔层，从而形成了电流。电压磁场和噪声量之间的关系，或者说磁差，在电流中是根据温度改变的，因此，只要知道所加的电压数值，这个被称为采集噪声温度（SNT）的仪器就能够测出温度。研究人员说，SNT 在 −272.15 ℃时能精确到千分之一，精确度是用于测量接近绝对零度温度计的 5 倍。这个新设计最大的优势在于，它是一个原始温度计：不需要外部校准。这是因为电压、噪声和温度之间的关系只依赖于最基本的物理恒量。此外，这个仪器的准确测温范围还比其他温度计大得多。因此研究人员说，他们研制的 SNT “可能比现在常用的直接温度计有着更广泛的用途”。

第四章

智能雨刮器

——雨水传感器的应用

学习体验

观察与思考

现在，有些高档小车安装了智能雨刮器，这些雨刮能在下雨的时候自动启动，刮走雨水，让驾驶人视野清晰，保证小车行驶安全，是一款全新的智能化产品。它是怎样知雨水存在的呢？原来它是通过雨水传感器来感知雨水的，如果有雨水就驱动智能雨刮器工作。

图 4-1　装有智能雨刮器的汽车

任务

利用实验室的器材制作出汽车智能雨刮器。

项目筹备

（一）组建团队

请组建你的项目小组，交流讨论并对组内人员进行分工。

（二）准备器材

本项目需要的传感器和其他器材如表 4-1 所示。

表 4-1　所需器材

序　号	名　称	数　量	备　注
1	雨水传感器	1 个	感知水滴
2	舵机	1 个	模拟汽车雨刮
3	机器人 DIY 主板	1 块	主控机
4	结构件	1 套	搭建外观
5	美工刀	1 把	切割材料
6	热熔胶枪	1 把	粘贴零件与材料
7	棉花	1 团	制作雨刮
8	双面胶	1 卷	粘贴零件与材料
9	螺丝、铜柱	若干	连接结构件

结构件清单如下：

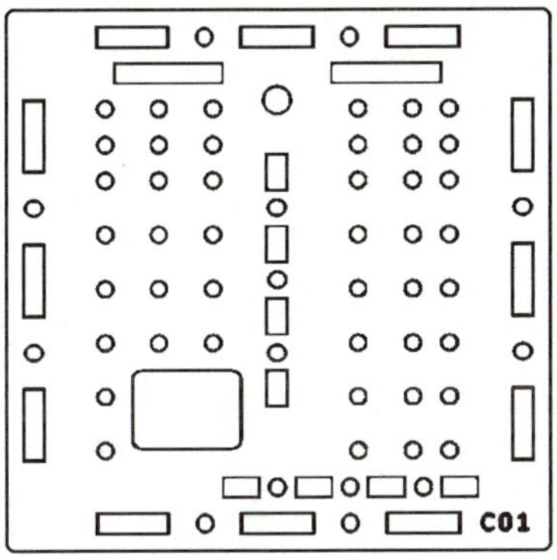

C01×1

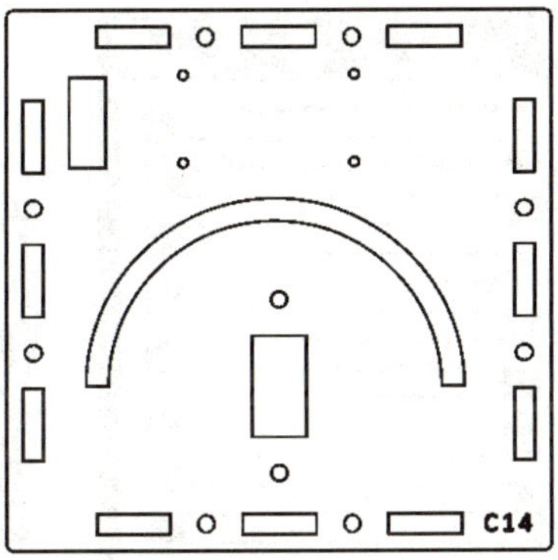

C14×1

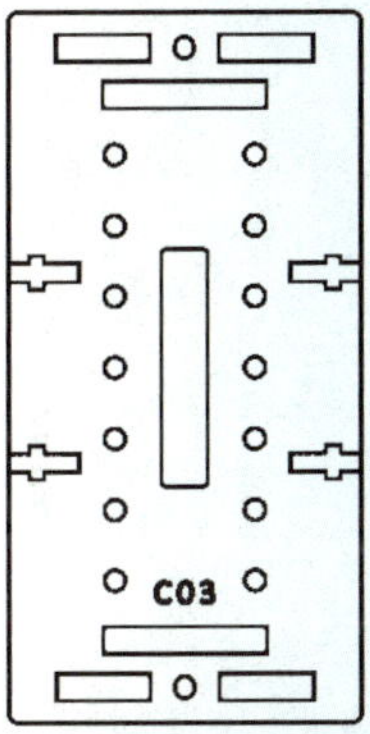

C03×1

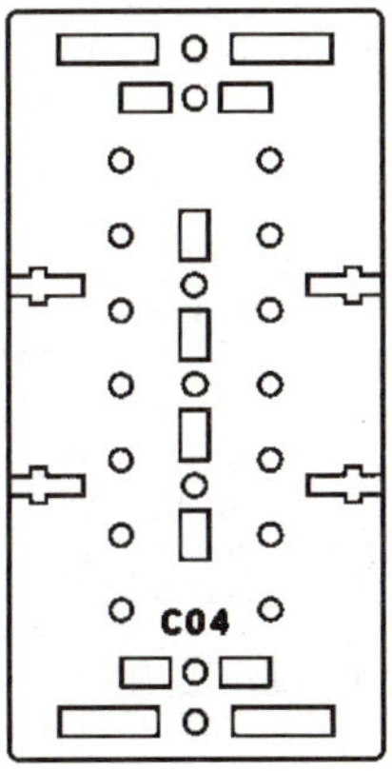

C04×1

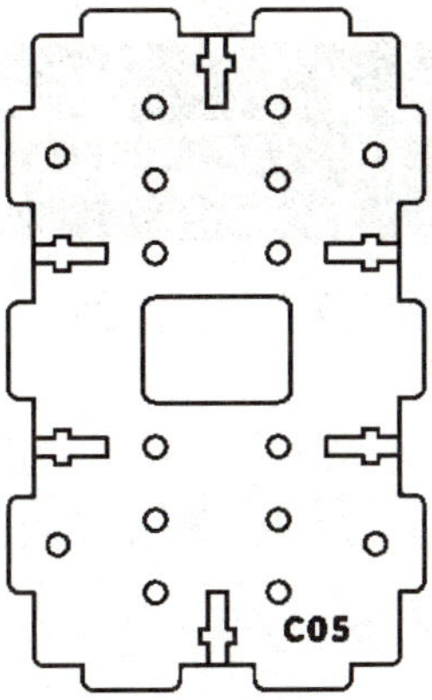

C05×1

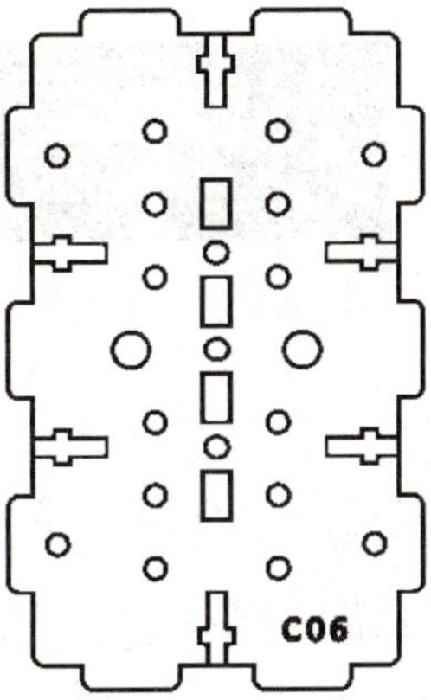

C06×1

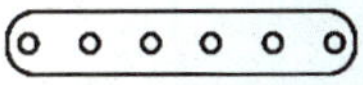

09×2

05×1

（三）知识准备

1. 雨水传感器。

雨水传感器也称为雨滴传感器，它检测原理是雨量的变化会引起被检测的两点之间的电阻阻值发生变化，可间接得到雨量的大小。它由两部分组成——检测面板和比较模块；如果有雨滴落在检测板的两个电极之间，就会有电流通过水滴，模块对通过水滴的电压和通过电位器的电压进行比较后，从 DO 针脚输出开关量（0 或 1）；AO 针脚输出的是通过水滴的模拟电压值。比较模块上有灵敏度调节电位器，可调节灵敏度。它和主板的接线如图 4-2 所示，雨水传感器的编程图标是 雨水 数字端口 1▾。

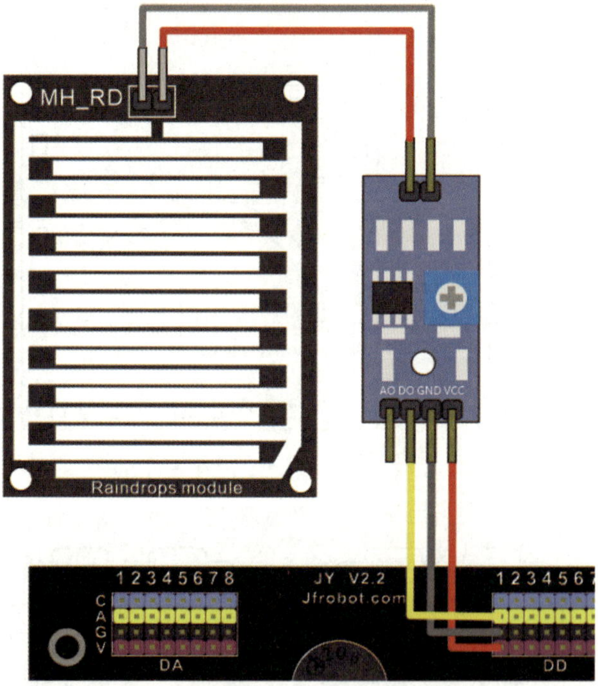

图 4-2　雨水传感器与主板接线图

2. 舵机。

舵机是一种位置（角度）伺服（服从控制信号的要求执行动作）的驱动器，适用于那些需要角度不断变化并可以保持的控制系统。舵机一般活动范围在 180 度内。它和主板的接线如图 4-3 所示，舵机传感器的编程图标是 舵机 数字端口 8 角度 10 。

图 4-3　舵机与主板接线图

动手实践

（一）描述过程

根据任务，分析过程如下：

1. 用雨水传感器检测。

2. 如果检测到雨滴，控制舵机转动来回摆动模拟雨刮，直到检测不到雨滴。

3. 检测不到雨滴时重复以上过程。

（二）制作实物

智能雨刮器安装主要分为两部分，第一部分是主体的搭建和传感器的安装，第二部分是传感器和主板的接线，具体制作步骤如下。

1. 主体的搭建与传感器的安装。

主体的搭建需要用到的结构件编号为 C01、C03、C04、C05、

C06、C14、05、09。

将 C01、C04、C05、C06 结构件用 M3 螺丝螺母组合起来，并用 M3 螺丝螺母把电池盒固定在 C01 上。如图 4-4 所示。

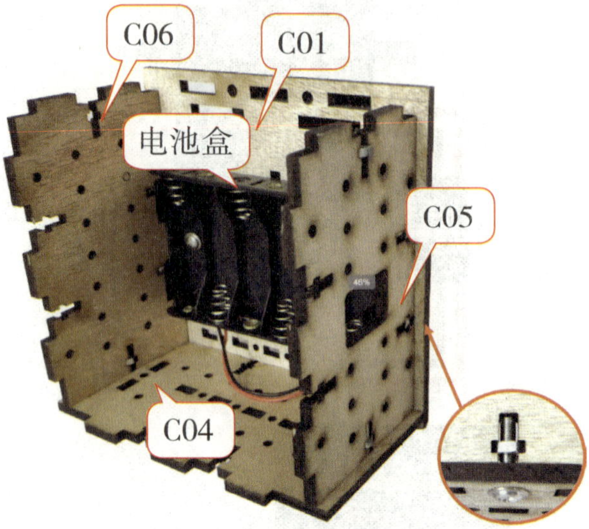

图 4-4　主体搭建

用 M3 螺丝和铜柱把主板固定在 C01 背面。如图 4-5 所示。

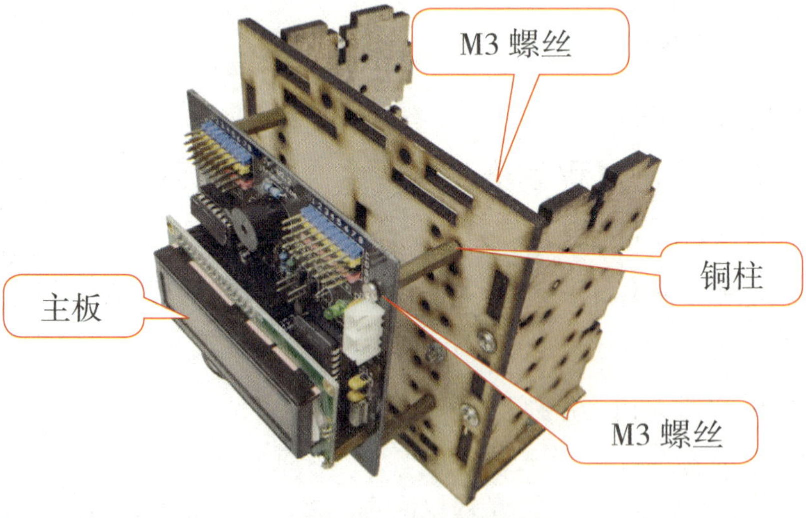

图 4-5　主板固定

在 C14 面板上装上舵机，用结构件 09 压住并用 35 mm 长的 M3 螺丝和螺母固定。如图 4-6 所示。

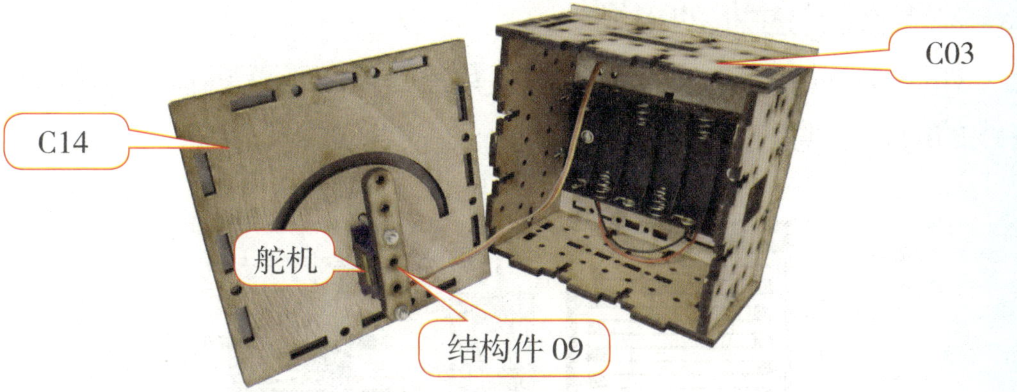

图 4-6 舵机固定

用热熔胶把舵机力臂粘在结构件 05 上，用 M3 螺丝和螺母把结构件 05 和 09 联接起来，用双面胶把一些棉花粘在结构件 09 上，做出雨刮的样子。如图 4-7 所示。

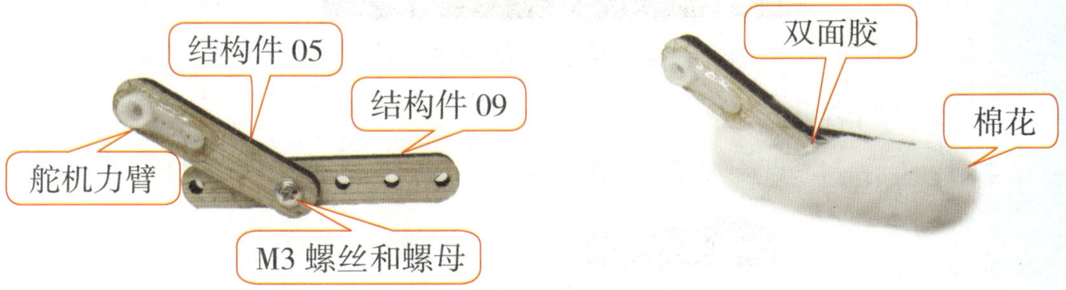

图 4-7 雨刮制作

用 M3 螺丝和螺母把雨水传感器安装到 C14 面板上，把雨刮安装到舵机上。如图 4-8 所示。

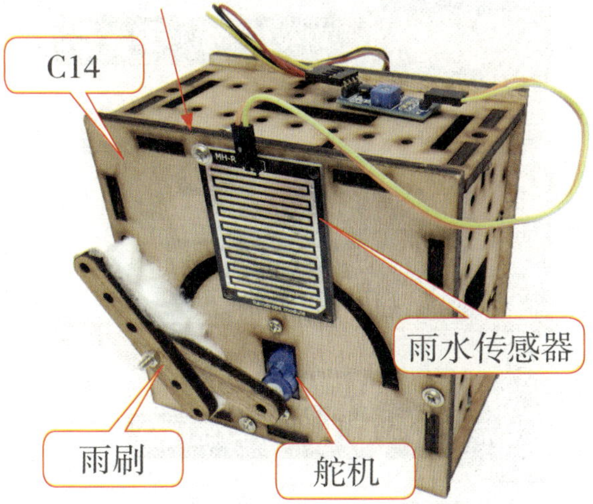

图 4-8 安装雨水传感器和雨刮

2. 传感器与主板的接线。

如图 4–9 所示，雨水传感器接数字端口 1，舵机接数字端口 8，接线的时候注意红色线对准端口 V。

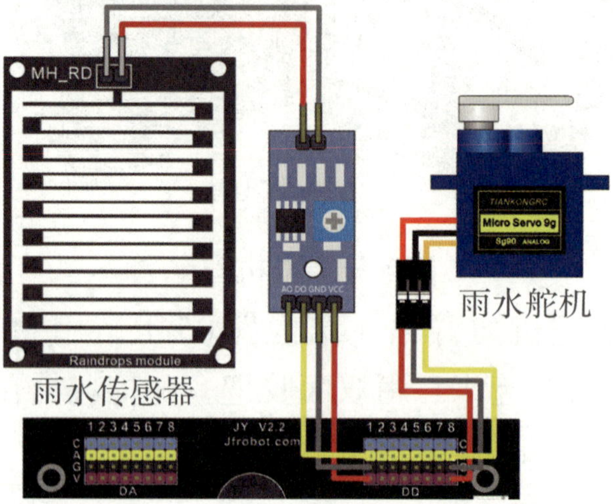

图 4–9　传感器与主板接线图

（三）编程调试

打开 Scratch 编程软件，按照图 4–10 的步骤进行编程。

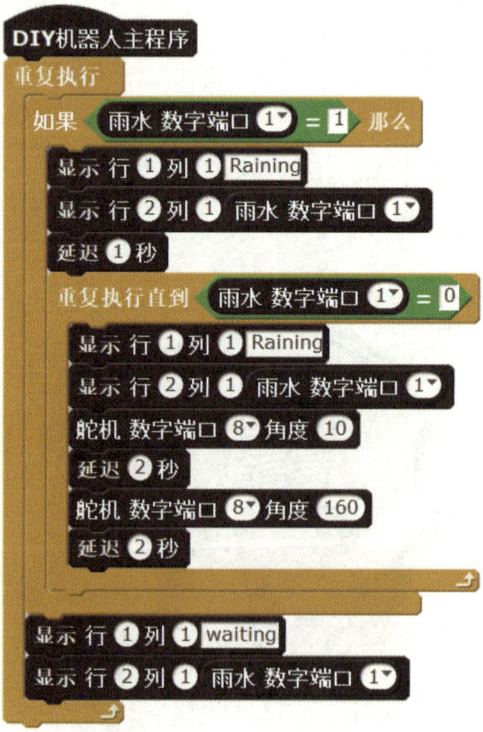

图 4–10　程序编写

请同学们用数据线连接电脑和主板，下载程序到主板。为了模拟下雨的效果，可以在雨水传感器的上面滴一滴水，看看舵机有无左右摆动。为了方便调试，程序在显示屏中显示出雨水传感器检测到的值，第二行数字为 0 时是未检测到雨水，为 1 时表示检测到雨水。雨水传感器灵敏度可通过电位器调节，大家可以用十字螺丝刀来调节灵敏度大小。请在表 4–2 上记录调试情况。

表 4–2 调试记录表

序号	内容和现象	修改的模块和参数
1	在雨水传感器的上面滴一滴水，没能显示数字 1，这是什么原因？ ________	
2	在雨水传感器的上面滴一滴水，显示屏上显示 1，但是舵机没有动静，这是什么原因？ ________	
3	还有其他问题吗？ ________	

（四）修正完善

请同学们改良雨刮，本案例用的是棉花，用得多会吸饱水，导致效果比较差，能否找到新材料可以把水滴刮干净？

思维发散

请同学们思考一下，对于上面的作品，我们还能做什么改进，有没有其他传感器同样能实现智能雨刮器的功能？

创意物化

同学们，我们学会了雨水传感器的控制方式，雨水传感器除了可以用来制作智能雨刮器以外，还能用来做什么呢？

1. 头脑风暴，确定主题。

请大家根据本节课所掌握的知识，尝试制作以下作品：（1）家居湿水报警器；（2）智能窗户；（3）自己感兴趣的项目，与同学们分享。表 4–3 是创意物化作品的功能说明，请同学们选择自己感兴趣的项目来完成。

表 4–3 创意设计案例参考表

序号	项目	功能
1	家居湿水报警器	有些家庭可能因为下水道堵了，或者爆水管，导致水浸事故发生，可以用雨水传感器检测是否有水浸情况发生，如果检测到发生水浸就报警甚至驱动舵机关水阀
2	智能窗户	用雨水传感器检测是否下雨，如果下雨，驱动电机或舵机关窗
3		

2. 小组分工，完成表 4–4。

表 4–4 小组人员分工表

项目名称：________		组别：________
分工内容	姓名	备注
设计组		
编程组		
美工组		
操作组		
讲解组		

3. 作品设计图。

4. 制作过程记录。

交流评价

1. 向同学们展示自己的作品，同时收集同学们给你的意见，并把你的优化计划写在下面的框里。

2. 请同学们利用作品评价表 4–5 对同学或自己的作品进行评价。

表 4–5　作品评价表

评价与收获，请为小星星涂上颜色				
评价指标	创新创意	技术功能	外观设计	分享表达
自己评价	☆☆☆☆☆	☆☆☆☆☆	☆☆☆☆☆	☆☆☆☆☆
学生评价	☆☆☆☆☆	☆☆☆☆☆	☆☆☆☆☆	☆☆☆☆☆
老师评价	☆☆☆☆☆	☆☆☆☆☆	☆☆☆☆☆	☆☆☆☆☆
作品改进建议：				

阅读拓展

认识雨滴传感器

雨滴传感器是用于检测是否下雨或者下雨时雨滴的多少，目前有电容式、电阻式、红外光线检测式和 CCD（电荷耦合元件）摄像头雨滴传感器等四种雨滴传感器，它们均可直接或者间接检测雨量的大小。

电容式雨量传感器的工作原理是雨量的变化引起电容的电介质发生变化继而引起表面电容量的变化，可间接检测到雨量的大小。

红外线雨滴传感器是利用光学的原理来间接检测雨滴的大小和多少。

压电振子雨量传感器是利用外界应电压力引起压电振子形变而产生电信号，将机械位移（振动）变成电压信号。有雨时，雨滴作用于压电振子，引起压电振子形变，形变越大，将其转换为对应的电压信号，压电振子形变越大输出电压越大，可间接测量雨量的大小。

CCD 雨滴传感器的工作原理是利用 CCD 摄像头，拍摄并存储前窗玻璃上的图像，经过图像分析处理后，从图像中提取能够表示雨量信息的特征值（雨量大小和分布密度信息），提取雨滴参数。它是一种视觉雨滴传感器，信号采集范围大，克服了传感器测量范围小、非线性、易受环境影响的缺点。

本文案例使用的是电阻式的雨滴传感器。

第五章

植物保姆
——土壤湿度传感器的应用

学习体验

观察与思考

小明很喜欢在家里阳台上种一些花花草草，但是夏天的阳光很猛烈，很快就会把花盆里的土晒干，植物也很快就会枯萎。大家有什么办法可以帮助他不断地检测土壤的水分，如果水分太少就自动浇水？如果我们能够制作出一种可以检测土壤中的水分的仪器，说不定还可以帮到农民伯伯。植物的生长需要水分，一些植物浇水多了会烂根，水少了会枯死，土壤湿度影响植物的生长。如果我们能帮助农民伯伯检测分析土壤的湿度，进行自动灌溉，这样就会减少农民伯伯的损失，提高农作物的产量。

图 5-1　市面上的土壤湿度检测仪

任务

制作一种土壤湿度检测仪，并能根据实际需要进行自动浇灌。

项目筹备

（一）组建团队

请组建你的项目小组，交流讨论并对组内人员进行分工。

（二）准备器材

1. 本项目需要的传感器和其他器材如表 5-1 所示。

表 5-1　所需器材

序　号	名　称	数　量	备　注
1	土壤湿度传感器	1 个	检测土壤湿度
2	舵机	1 个	模拟灌溉装置
3	机器人 DIY 主板	1 块	主控器
4	美工刀	1 把	切割材料
5	热熔胶枪	1 把	粘贴零件与材料
6	一次性水杯	3 个	装水及泥土

结构件清单如下：

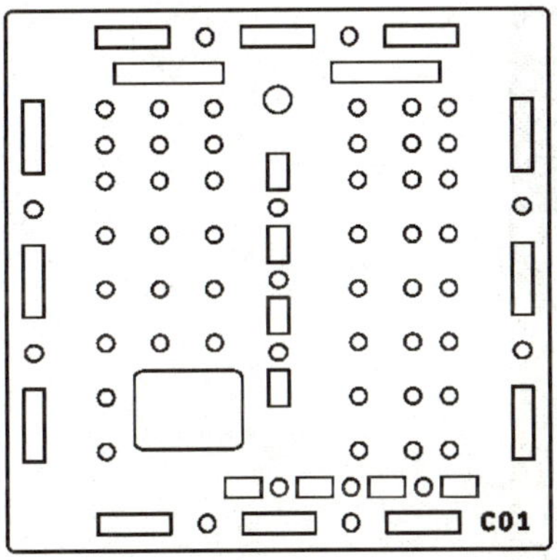

C01 × 1

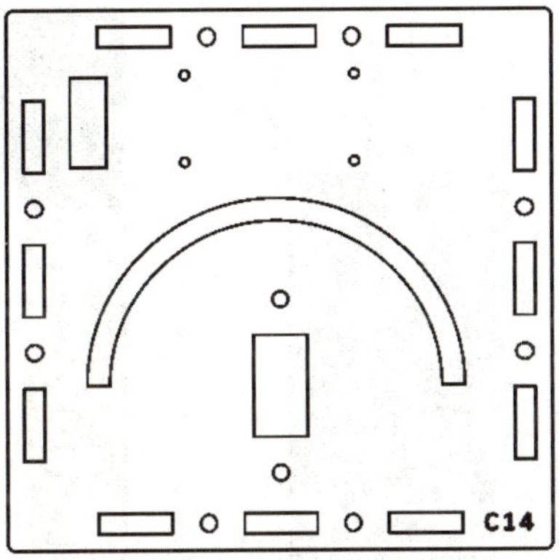

C14 × 1

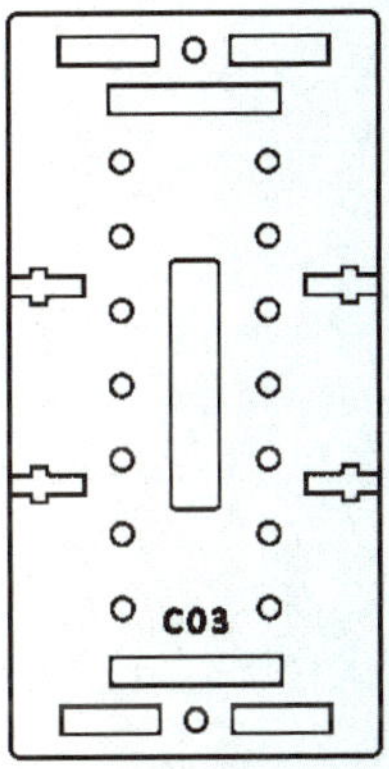

C03 × 1

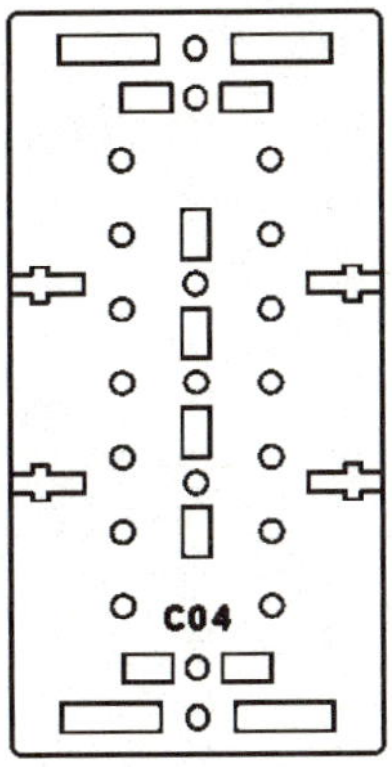

C04 × 1

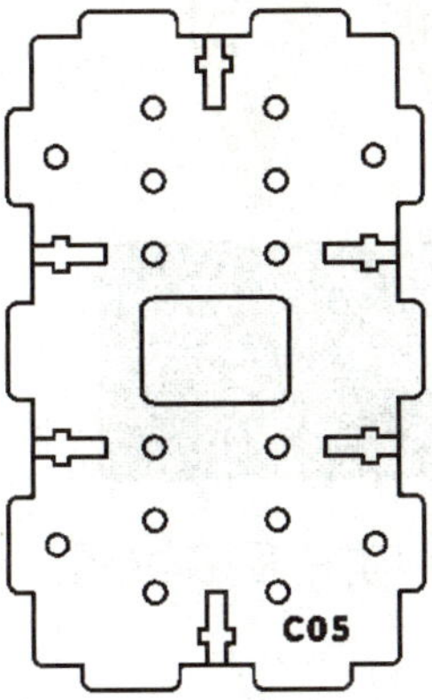

C05 × 1

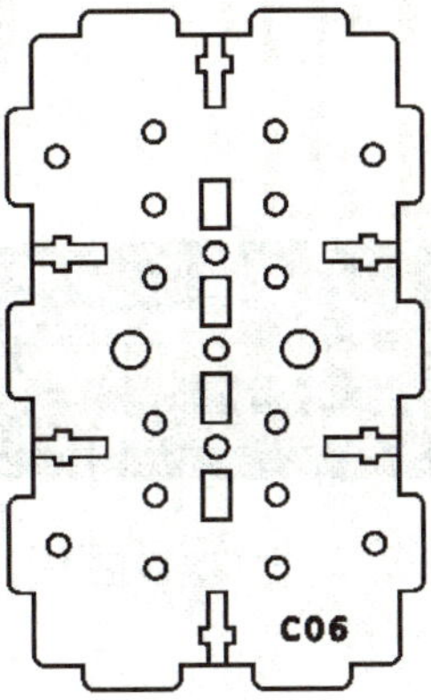

C06 × 1

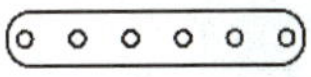
09 × 2

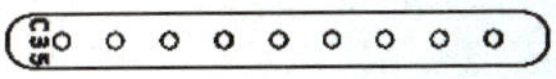

C35 × 1

（三）知识准备

土壤湿度传感器中的检测元件是一个U形的电路板，U形板两边电极是不相连的，检测原理是湿度的变化会引起被检测的两点之间的电阻阻值发生变化，可间接检测到湿度的大小；使用时将U形电路板插入土壤，由于土壤中有水分，会有一定的电流从U形电路板的一端通向另一端；土壤中的水分越大，通过的电流就越多；后面连接的比较模块比较通过检测板后的电压并输出模拟量（AO），也可以输出开关量（DO）。比较模块有灵敏度调节电位器，可以调节灵敏度。它和主板的接线如图5-2所示，土壤湿度传感器的编程图标是 土壤湿度 模拟端口 1 。

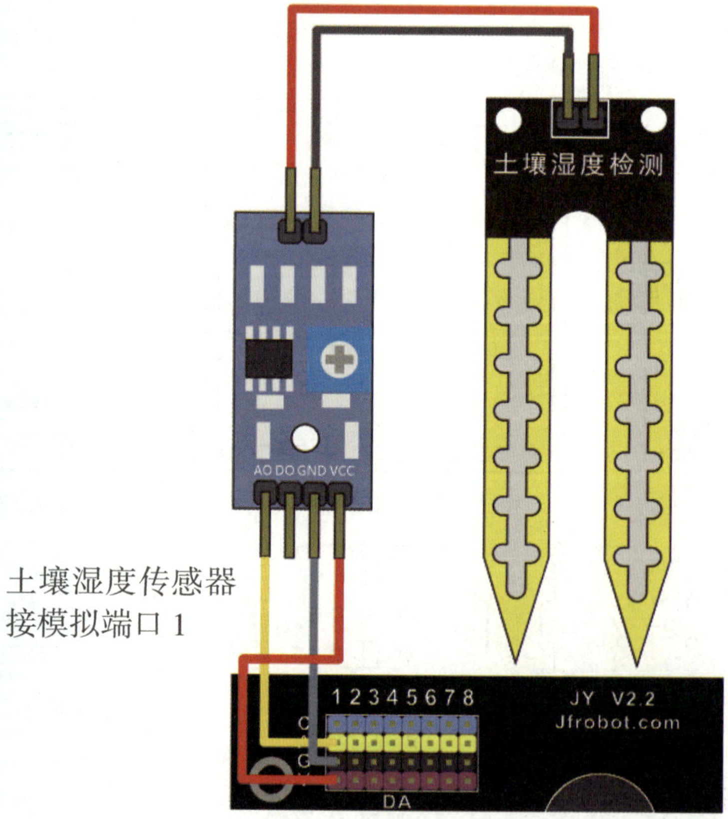

图5-2 土壤湿度传感器与主板接线图

动手实践

（一）描述过程

根据任务，分析过程如下：

1. 初始化舵机角度。

2. 检测土壤湿度传感器的值是否大于 100（假定的阀值，表示土壤较干），如果大于 100，蜂鸣器响起，控制舵机转动来回倒水，直到检测土壤湿度达标。

3. 重复第 2 步。

（二）制作实物

植物保姆的安装主要分为两部分，第一部分是主体的搭建和传感器的安装，第二部分是传感器和主板的接线，具体制作步骤如下。

1. 主体的搭建与传感器的安装：主体的搭建需要用到的结构件编号为 C01、C03、C04、C05、C06、C14、05、09。

将 C01、C04、C05、C06 结构件用 M3 螺丝螺母组合起来，并用 M3 螺丝螺母把电池盒固定在 C01 上。如图 5–3 所示。

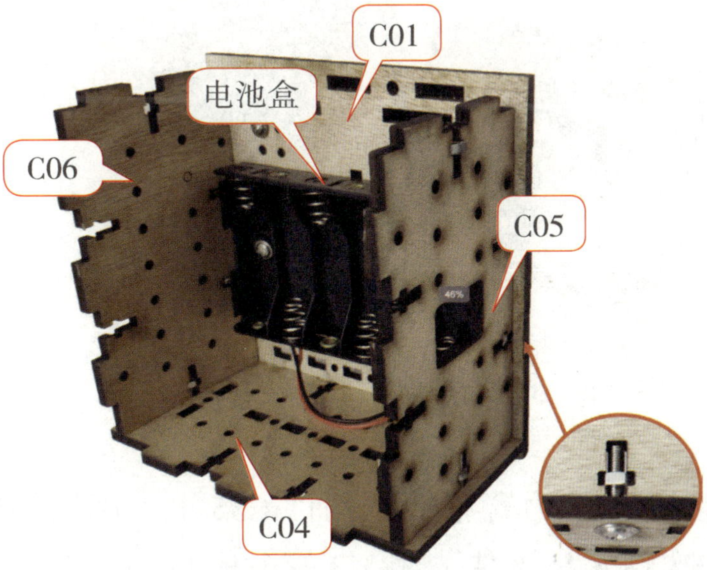

图 5–3　主体搭建

用 M3 螺丝和铜柱把主板固定在 C01 背面。如图 5–4 所示。

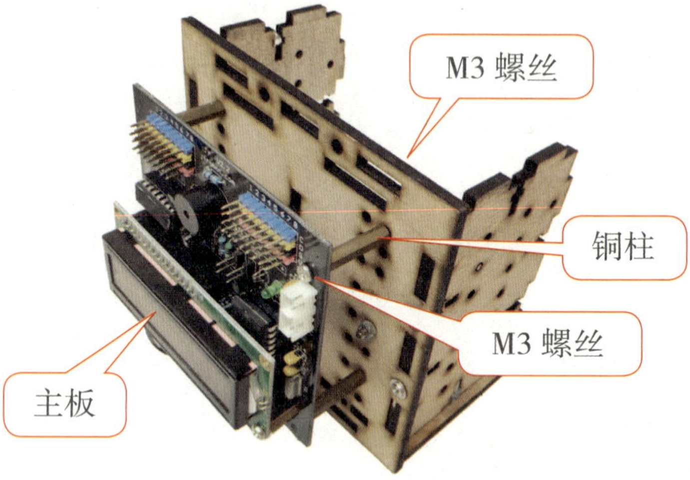

图 5–4　钢柱固定

在 C14 面板上装上舵机，用结构件 09 压住并用 35 mm 长的 M3 螺丝和螺母固定。如图 5–5 所示。

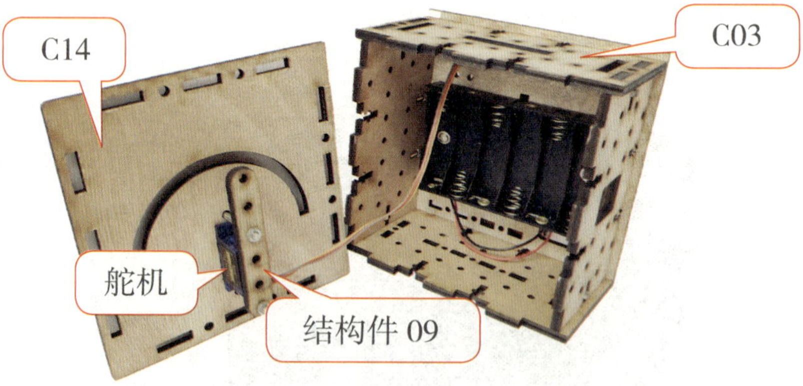

图 5–5　舵机安装和固定

用热熔胶把舵机力臂粘在结构件 C35 上，用结构件 C35 和结构件 09 把一次性水杯夹住，用 M3 螺丝螺母固定起来，做好灌溉装置。如图 5–6 所示。

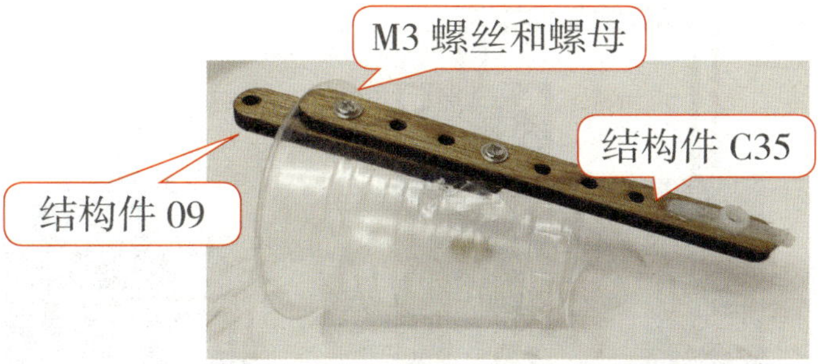

图 5-6　制作灌溉装置

把倒水灌溉装置安装到舵机上，用 C14 螺丝螺母固定好，连接好土壤湿度传感器。如图 5-7 所示。

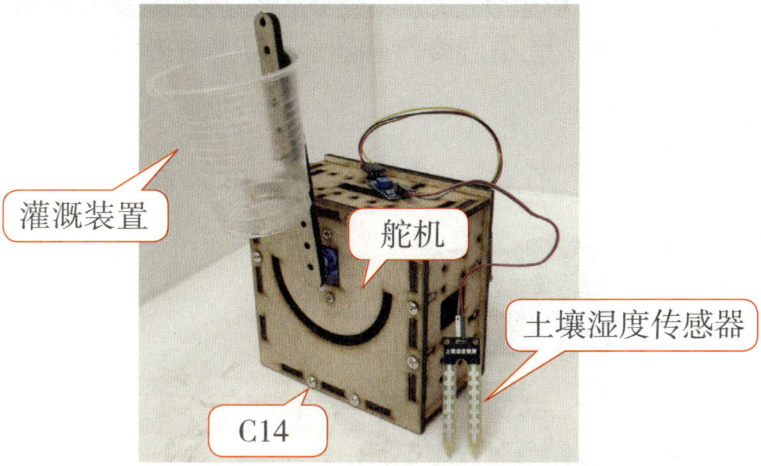

图 5-7　成品图

2. 传感器与主板的接线。

如图 5-8 所示，本案例中将土壤湿度传感器当作模拟传感器，我们将土壤湿度传感器接到主板的模拟端口，本案例接在端口 1（接哪个数字端口都可以，要在程序中选相应的端口）。土壤湿度传感器有 4 个针脚，只用到 VCC、GND、AO3 个针脚，AO 为空置针脚，不接线。舵机上有 3 条线，为了减少出错，一般红线接 VCC（正极），黑线接 GND（负极），黄线接 AO。注意导线的顺序，接反可能会烧毁电子元件，请确认正确后再通电测试。

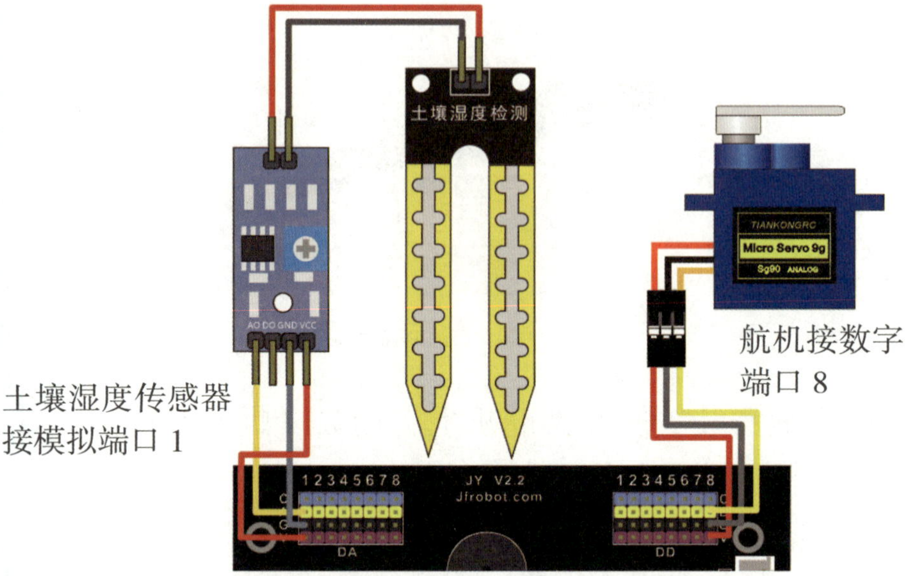

图 5-8　土壤湿度传感器、舵机与主板接线图

（三）编程调试

打开 Scratch 编程软件，按照图 5-9 的步骤，进行编程。

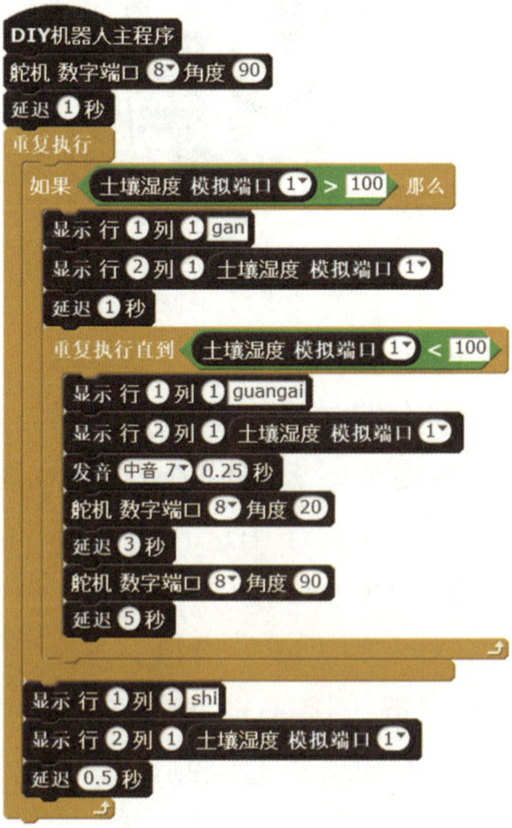

图 5-9　程序编写

请同学们用数据线连接电脑和主板，下载程序到主板。用两个杯子装沙子或泥土，一杯是干燥的，一杯是湿润的。把土壤湿度检测器分别插入两个杯子，观测屏幕显示出来的数值，一般土壤越干燥数值越大，最大为255。本案例中设置的阈值为100，当土壤湿度的值大于100就发出声音提醒，控制舵机放下灌溉装置，把杯中的水倒入干土中。同学们可以适度调节阈值大小，请注意电子元件的防水保护和用电安全。调试时，在表5–2上记录调试情况。

表5–2　调试记录表

序　号	内容和现象	修改的模块和参数
1	用两个杯子装沙子或泥土，一杯是干燥的，一杯是湿润的。把土壤湿度传感器分别插入干土和湿土，观测屏幕，显示出来的数值：______	
2	土壤湿度传感器模拟端口的值大于多少报警发光响声为宜？______	
3	还有其他问题吗？______	

（四）修正完善

改造1：灌溉装置装水太麻烦，可以对它进行修改完善。

改造2：进行功能的改进和升级，如电子元件的防水保护和用电安全等。

思维发散

请同学们思考一下，要实现作品的上述功能，应该怎样修改呢？

创意物化

同学们，我们已经掌握了“植物保姆”的制作，学会了土壤湿度传感器的应用，它除了可以用来制作“植物保姆”以外，还能用来做什么呢？

1. 头脑风暴，确定主题。

请大家根据本节课所掌握的知识，尝试制作以下作品：（1）婴儿保姆床；（2）自动化的灌溉系统；（3）面团湿度检测仪；（4）自己感兴趣的项目，与同学们分享。各项目功能要求如表5-3所示。

表 5-3　创意设计案例参考表

序　号	名　称	简要功能说明
1	婴儿保姆床	利用土壤湿度传感器检测婴儿是否尿尿了，如果检测到就进行提醒
2	自动化的灌溉系统	当水分不够的时候，启动水泵进行浇水；水分过多的时候要启动排水阀门进行排水
3	面团湿度检测仪	和面时的面团湿度检测仪给人提醒和的面是湿了还是干了，进而控制水和面粉的添加
4		

2. 小组分工，完成表 5-4。

表 5-4　小组人员分工表

项目名称：________		组别：________
分工内容	姓　名	备　注
设计组		
编程组		
美工组		
操作组		
讲解组		

3. 作品设计图。

4. 制作过程记录。

交流评价

1. 向同学们展示自己的作品，同时收集同学们给你的意见，并把你的优化计划写在下面的框里。

2. 请同学们利用作品评价表5–5对同学或自己的作品进行评价。

表5–5 作品评价表

评价与收获，请为小星星涂上颜色				
评价指标	创新创意	技术功能	外观设计	分享表达
自己评价	☆☆☆☆☆	☆☆☆☆☆	☆☆☆☆☆	☆☆☆☆☆
学生评价	☆☆☆☆☆	☆☆☆☆☆	☆☆☆☆☆	☆☆☆☆☆
老师评价	☆☆☆☆☆	☆☆☆☆☆	☆☆☆☆☆	☆☆☆☆☆
作品改进建议：				

阅读拓展

认识自动控制喷滴灌农业

随着科技的发展，农业也走向了现代化，出现了以科技手段进行农业生产种植和经营，一些先进的农业生产基地配备计算机控制喷滴灌系统，可以根据多种传感器传过来的数据自动控制喷滴灌。这些系统能促进农业的增产增收。

图5–10 现代自动控制喷滴灌农业

第六章

调速风扇
——超声波传感器的应用

学习体验

观察与思考

在夏天，我们经常会用到风扇。科技发展到今天，已经有很多类型的风扇，如遥控的、摇头的，还有可以吹出空调感觉的风扇。你家使用的风扇是怎样的，能分享一下吗？

图 6-1　台式风扇

图 6-2　立式风扇

图 6-3　冷气风扇

图 6-4　遥控风扇

任务

今天我们来体验制作电风扇的快乐，制作一把会自动开，而且当人走近就会减速，当人走远一点就加速的风扇。

项目筹备

（一）组建团队

请组建你的项目小组，交流讨论并对组内人员进行分工。

（二）准备器材

本项目需要的传感器和其他器材如表 6–1 所示。

表 6–1 所需器材

序号	名称	数量	备注
1	超声波传感器	1 个	检测物体的距离
2	电机	1 个	模拟风扇转动
3	机器人 DIY 主板	1 块	主控器
4	结构件	1 套	搭建外观
5	螺丝	若干	连接结构

结构件清单如下：

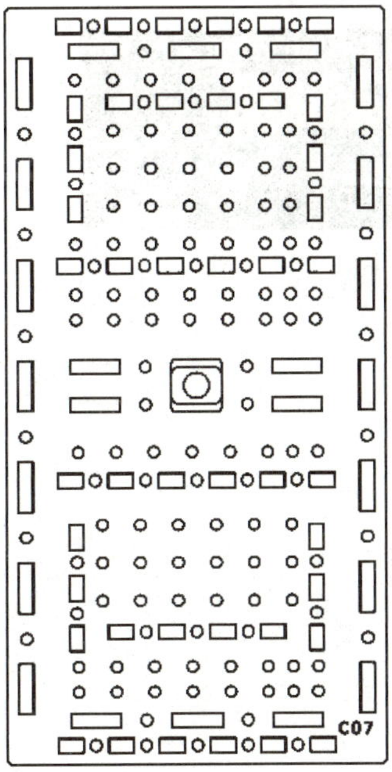

C07 × 1

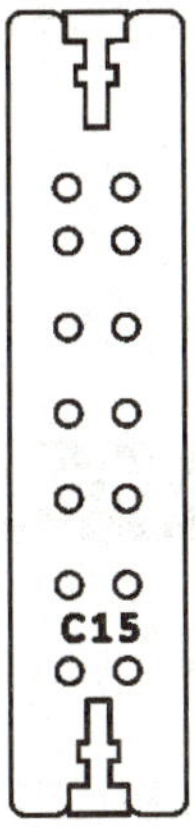

C15 × 1

C35 × 1

03 × 2

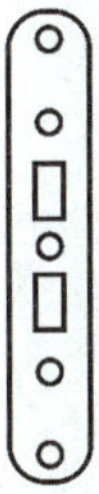

04 × 2

（三）知识准备

超声波传感器由发射探头和接收探头组成，它的主要作用是检测前面障碍物的距离。传感器发射出去的超声波，会被障碍物反射，反射回来的超声波再被传感器检测到，从而计算出前面障碍物的距离。超声波传感器的编程图标是 超声波 数字端口 端口▾。超声波传感器与主板的接线如图6–5所示，超声波传感器的检测程序如图6–6所示。

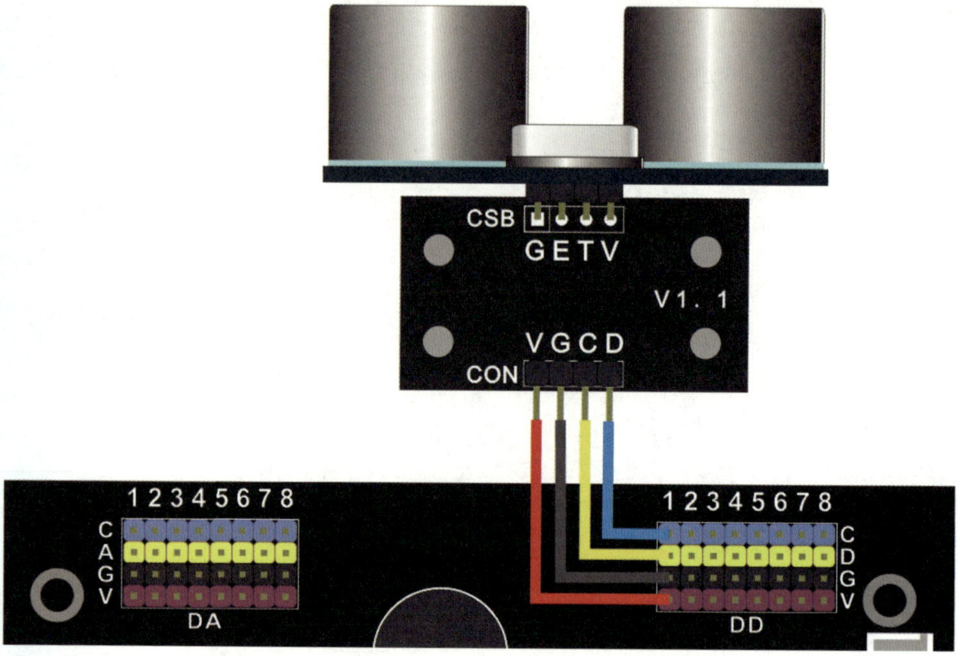

图6–5　超声波传感器与主板接线图

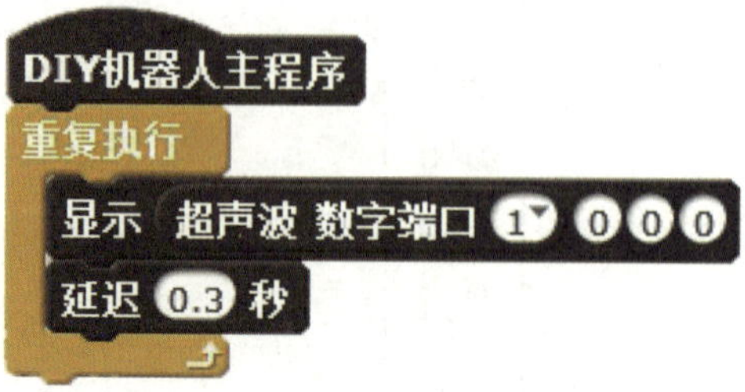

图6–6　检测程序

动手实践

（一）描述过程

根据任务，分析过程如下：

1. 设定变量 i 为超声波检测距离，s 为马达转速。

2. 读取超声波传感器数值，当数值小于 888 时为有效数据。

3. 根据检测距离 i 调整马达转速 s，距离越近速度越慢。

4. 液晶屏显示马达当前的转速 s。

（二）制作实物

调速风扇的安装分为两部分，第一部分是主体的搭建，第二部分是传感器和电机的安装，具体制作步骤如下。

1. 主体的搭建。

主体的搭建需要的结构件是 C07、C15、C35 以及特殊配件 4 个，主体的搭建过程如图 6–7 到图 6–9 所示。

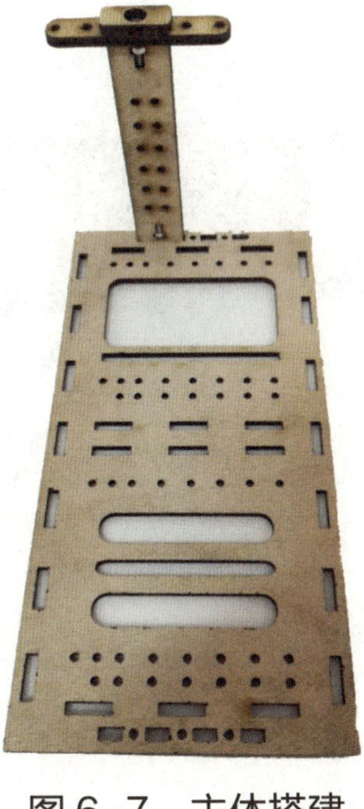

图 6–7　主体搭建

先将主板安装在C07结构件上，按图6-8所示的位置固定超声波传感器。

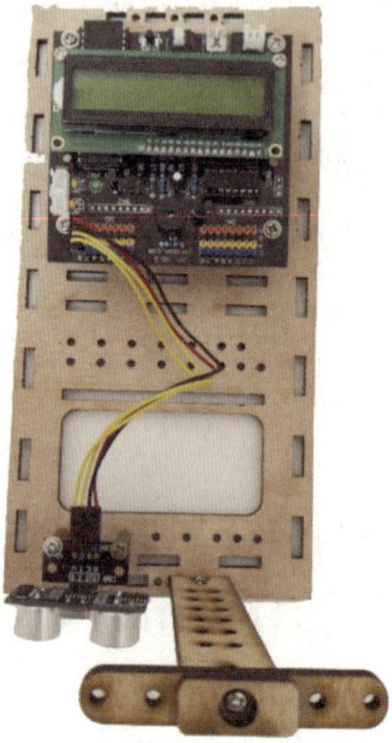

图6-8　传感器和电机安装

利用结构件03和结构件04将电机夹紧。

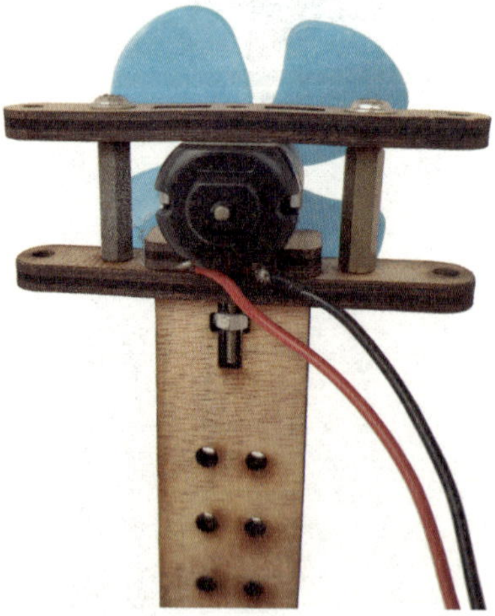

图6-9　电机固定

项目安装好的效果如图 6–10 所示。

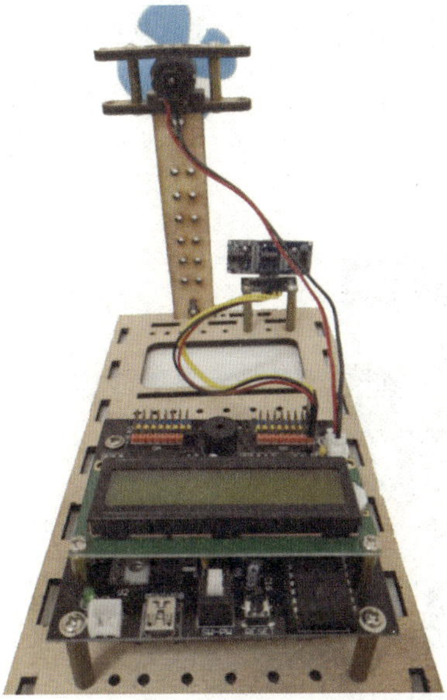

图 6–10　模型效果图

2. 传感器和主板的接线。

如图 6–11 所示，超声波传感器接在数字端口 1，马达接在 C17 马达口。接线时注意红色线对准端口 V。

图 6–11　传感器、马达与主板的接线图

（三）编程调试

调速风扇的调试程序如图 6–12 所示。（注：调试程序时要注意物品与超声波传感器的距离，并要注意风扇的转速是否产生变化。）

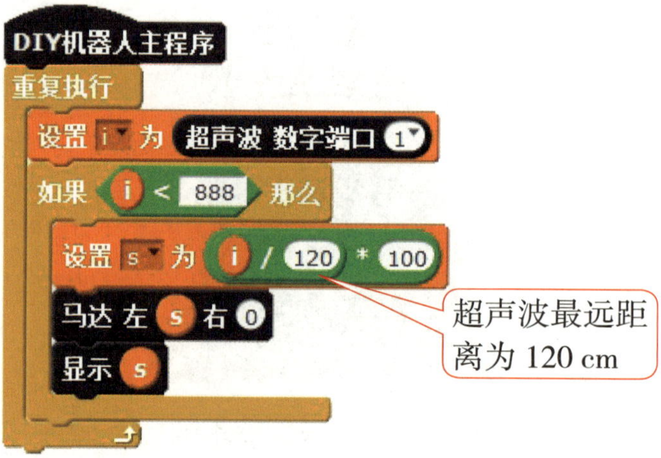

图 6–12 调试程序

编写程序后，请同学们下载到主板中运行调试，并在表 6–2 上记录调试信息。

表 6–2 调试记录表

序号	功能与效果	修改的模块和参数
1	当手掌与超声波传感器距离从 10 cm 到 30 cm 时，风扇的转速变快还是变慢？ ______	
2	当手掌与超声波传感器距离从 30 cm 到 50 cm 时，风扇的转速变快还是变慢？ ______	
3	当手掌与超声波传感器距离从 50 cm 到 100 cm 时，风扇的转速变快还是变慢？ ______	

（四）修正完善

改造 1：请同学们对调速风扇的外形进行改造，做得更加美观些。

改造 2：让风扇变成一个可以吹热风的装置。

思维发散

请大家思考一下，利用超声波传感器和电机还能做什么呢？

创意物化

同学们，我们已经掌握了调速风扇的基本制作原理，在这里我们学会了超声波传感器的控制方式，超声波传感器除了可以用来制作调速风扇以外，还能用来做什么呢？

1. 头脑风暴，确定主题。

请大家根据本节课所掌握的知识，尝试制作以下作品：（1）跟着人摇头的风扇；（2）游戏转盘；（3）电吹风；（4）其他项目。表6-3是创意物化作品的功能说明，请同学们选择自己感兴趣的项目完成。

表 6-3　创意设计案例参考表

序　号	项　目	功　能
1	跟着人摇头的风扇	人走到不同的位置，风扇会跟着摇动
2	游戏转盘	游戏转盘在旋转，当手接近转盘就会停
3	电吹风	在不同的位置有冷热风的转换
4		

2. 小组分工，完成表 6–4。

表 6–4　小组人员分工表

项目名称：________		组别：________
分工内容	姓　名	备　注
设计组		
编程组		
美工组		
操作组		
讲解组		

3. 作品设计图。

4. 制作过程记录。

交流评价

1. 向同学们展示自己的作品，同时收集同学们给你的意见，并把你的优化计划写在下面的框里。

2. 请同学们利用作品评价表 6–5 对同学或自己的作品进行评价。

表 6–5　作品评价表

评价与收获，请为小星星涂上颜色				
评价指标	创新创意	技术功能	外观设计	分享表达
自己评价	☆☆☆☆☆	☆☆☆☆☆	☆☆☆☆☆	☆☆☆☆☆
学生评价	☆☆☆☆☆	☆☆☆☆☆	☆☆☆☆☆	☆☆☆☆☆
老师评价	☆☆☆☆☆	☆☆☆☆☆	☆☆☆☆☆	☆☆☆☆☆
作品改进建议：				

阅读拓展

超声波的未来应用

随着科学技术的快速发展，超声波在传感器中的应用将越来越广。但就目前技术水平来说，人们可以具体利用的传感技术还十分有限，因此，这是一个正在蓬勃发展而又有无限前景的技术及产业领域。

图 6-13　超声波的未来应用

展望未来，超声波传感器作为一种新型的非常重要的工具在各方面都将有很大的发展空间，它将朝着更加高定位、高精度的方向发展，以满足日益发展的社会需求，如声呐的发展趋势基本为：研制具有更高定位精度的被动测距声呐，以满足水中武器实施全隐蔽攻击的需要；继续发展采用低频线谱检测的潜艇拖曳线列阵声呐，实现超远程的被动探测和识别；研制更适合于浅海工作的潜艇声呐，特别是解决浅海水中目标识别问题；大力降低潜艇自噪声，改善潜艇声呐的工作环境。

毋庸置疑，未来的超声波传感器将与自动化智能化接轨，与其他的传感器集成和融合，形成多传感器。随着传感器的技术进步，传感器将从具有单纯判断功能发展到具有学习功能，最终发展到具有创造力。在科技迅速发展的今天，面貌焕然一新的传感器将发挥更大的作用。

第七章

“手”摇扇子
——旋转电位器的应用

学习体验

思考与观察

同学们，夏天到了，很多人在纳凉时都会扇扇子。大家在扇扇子的时候，有没有遇到过什么困难或问题？同学们请观察下面相关的图片，并组建团队完成任务。

图 7-1　蒲扇

图 7-2　折扇

图 7-3　藤扇

图 7-4　乘凉扇扇子

任务

今天，我们就来制作一个能够解放双手，而且可调节摇动速度的机器人，这个机器人也许能为你孝敬爷爷奶奶。

项目筹备

（一）组建团队

请组建你的项目小组，交流讨论并对组内人员进行分工。

（二）准备器材

本项目需要的旋转电位器和其他器材如表 7-1 所示。

表 7-1 所需器材

序 号	名 称	数 量	备 注
1	电机	1 个	使扇子摇起来
2	旋转电位器	1 个	调节摇扇子的速度
3	机器人 DIY 主板	1 块	主控器
4	扇子	1 把	
5	结构件	1 套	搭建外观
6	螺丝	若干	连接结构件

结构件清单如下：

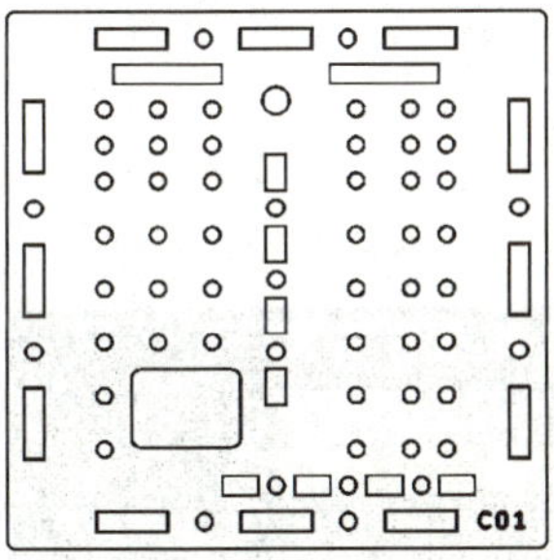

C01 × 1

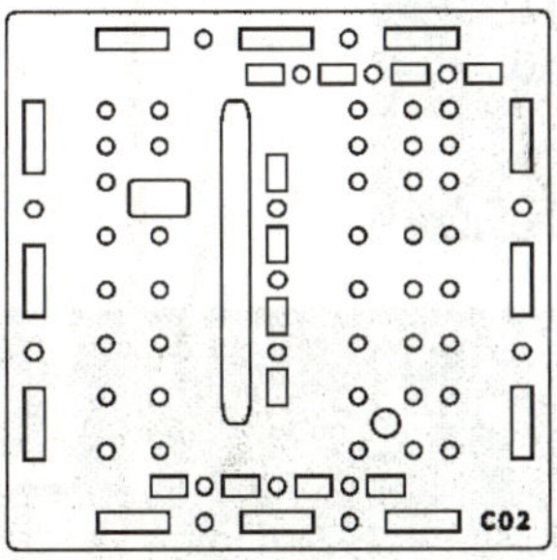

C02 × 1

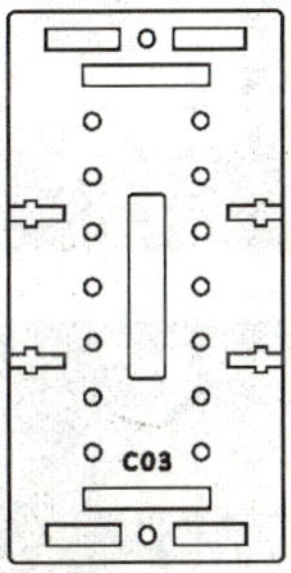

C03 × 1

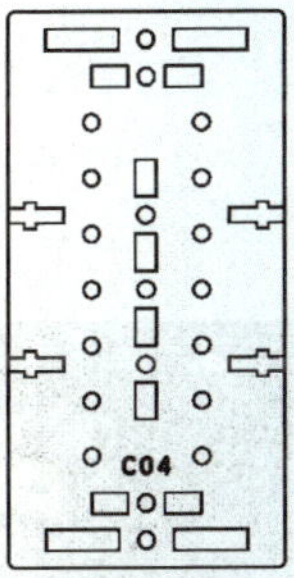

C04 × 1

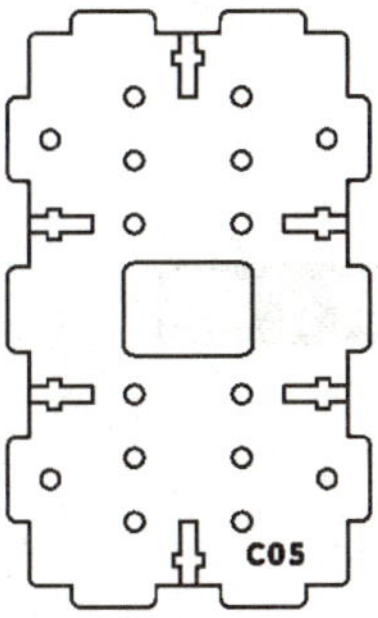

C05 × 1

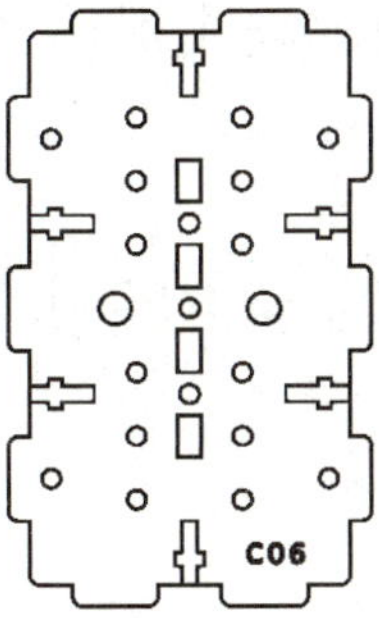

C06 × 1

C34 × 1

C35 × 2

（三）知识准备

1. 旋转电位器。

旋转电位器利用旋钮来改变电阻大小，从而实现旋转角度不同，返回给机器人的数值不同。旋转电位器编程的图标是 旋转角度 模拟端口 端口 。旋转电位器的检测程序如图 7–5 所示。接线如图 7–6 所示。

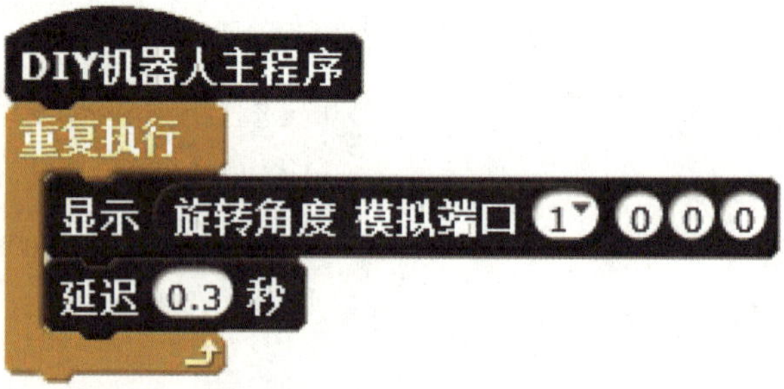

图 7–5　检测程序

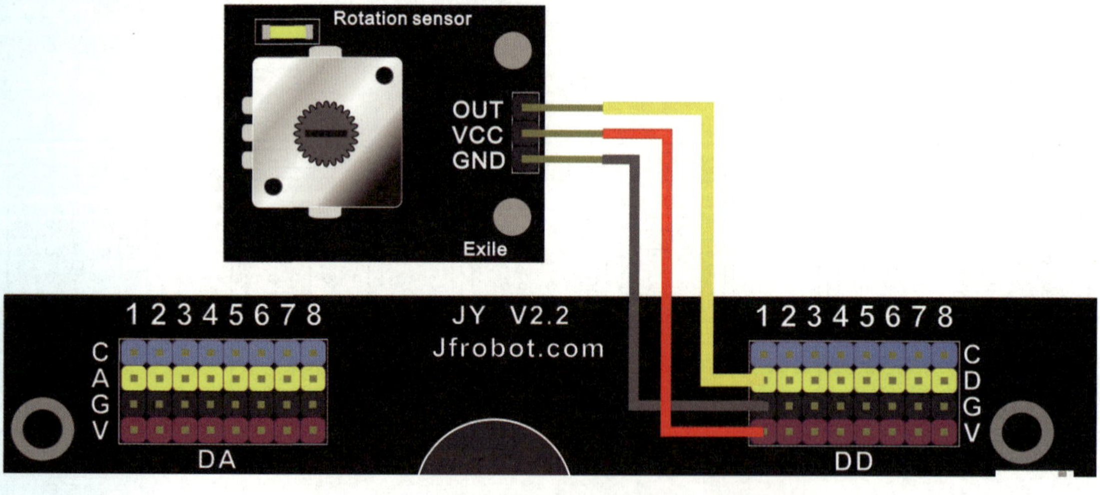

图 7–6　旋转电位器与主板接线图

2. 电机。

电机是提供动力的元件，电机的编程图标为 马达 左 80 右 80 。它与主板的接线如图 7–6 所示。

动手实践

（一）描述过程

根据任务，分析如下：

1. 检测旋转电位器的数值范围。

2. 设定旋转电位器的检测范围值为 i，设定电机的转速为 s。

3. 当 i 大于 0 时，设置电机的速度 $s=i/255\times100$（电位器的数值为 0 至 255，电机的速度范围为 0 至 100，将电位器的值映射为电机的速度范围）。

（二）制作实物

手摇扇子的制作分两部分，第一部分是主体的搭建与传感器的安装，第二部分是传感器和主板的连接，具体制作过程如下。

1. 主体的搭建与传感器的安装。

主体的搭建需要的结构件编号是 C01、C02、C03、C04、C05、C06、C34 和 C35，主体搭建的过程如图 7–7 到 7–11 所示。

利用 C03、C04、C05、C06 安装小盒子框架，效果如图 7–7 所示。

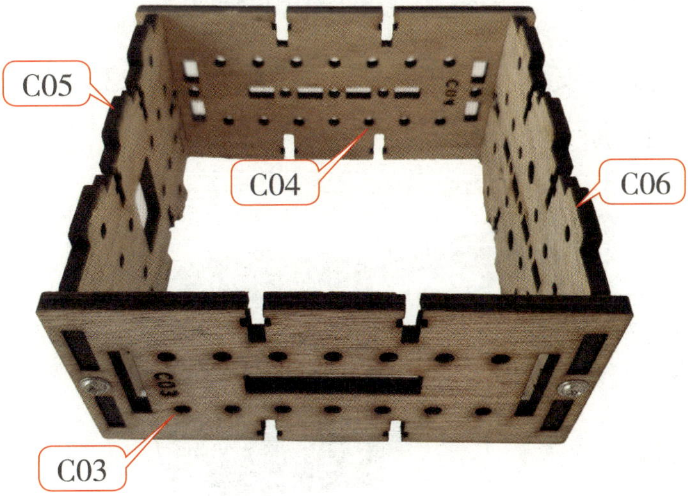

图 7–7 框架安装

在 C02 面板上安装主板，效果如图 7-8 所示。

图 7-8　主板安装

在 C06 面板上安装电机，并在电机上安装结构件 C34，整个小盒子效果如图 7-9 所示。

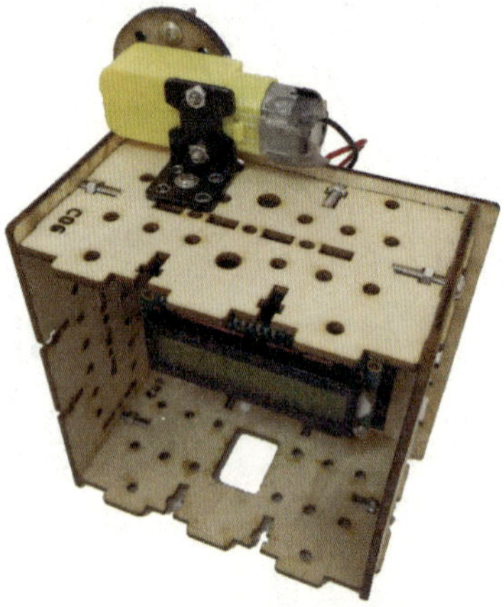

图 7-9　电机安装

在 C01 面板上安装连动结构，利用两根 C35 结构件搭建。正面效果如图 7-10 所示。

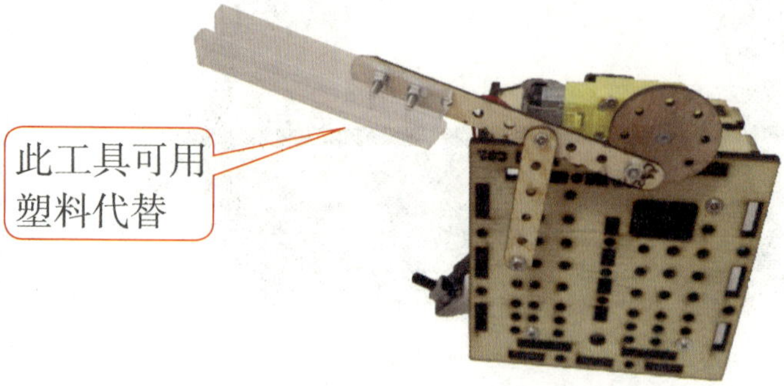

图 7-10　连动结构安装

连接旋转电位器到主板并将其固定在 C06 面板上，整体效果如图 7–11 所示。

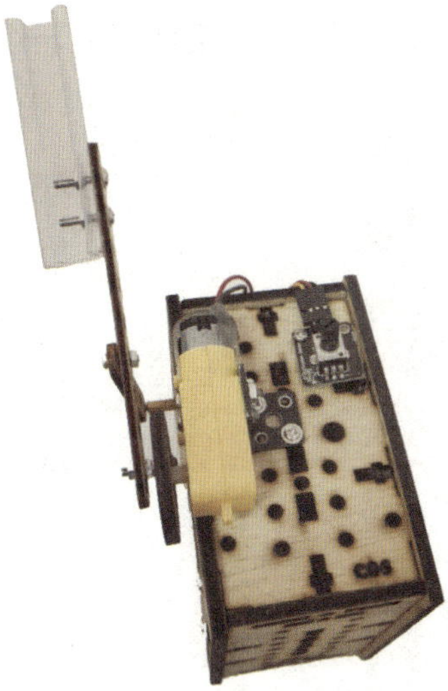

图 7–11　旋转电位器连接与固定

2. 旋转电位器和主板的连接，以及电机与主板的连接。

如图 7–12，旋转电位器接在模拟口 1（接线时注意红色线对准端口 V），电机接在马达 C17。

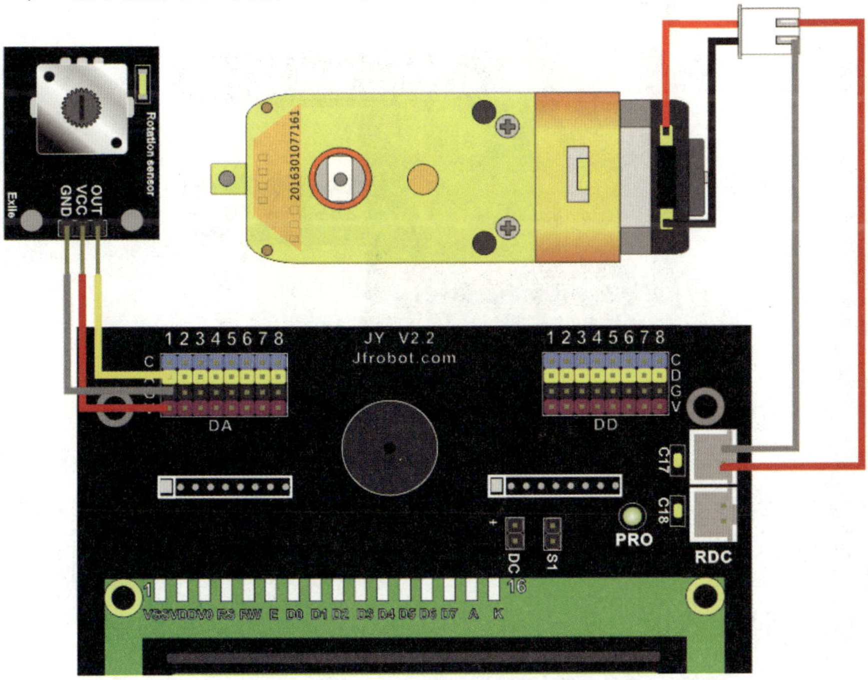

图 7–12　电机与主板接线图

（三）编程调试

打开 Scratch 编程软件，按照以下步骤来编程调试并运行。

1. 先设定两个变量为 i 和 s，如图 7–13 所示。

图 7–13　设置变量

2. 根据变量设定编写程序，如图 7–14 所示。

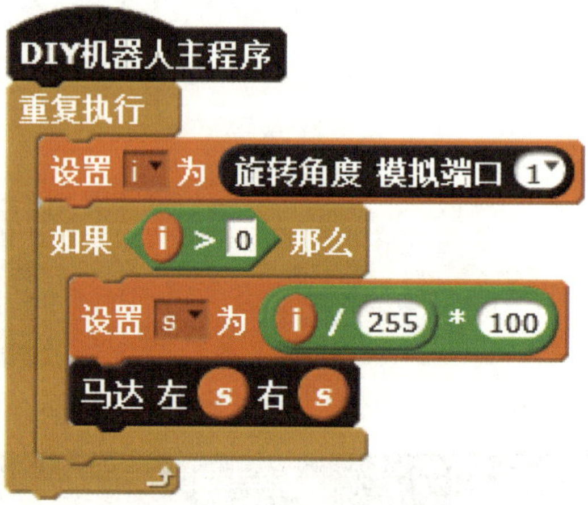

图 7–14　编写程序

编写程序后，请同学们下载到主板中运行调试。调试程序时要转动旋转电位器，观察扇子的运动速度是否有变化，如果没有变化请改变程序中的数值，并在表 7–2 上记录调试信息。

表 7-2 调试记录表

序 号	内容和现象	修改的模块和参数
1	转动旋转电位器，扇子的运动速度是否改变	
2		

（四）修正完善

请同学们发挥想象力，修改刚刚做好的手摇机器人，并向大家展示自己的作品。

改造 1：改良手臂，可以让手臂更好看，让扇子摇得更稳。

改造 2：给长方形盒上色，同学们，期待你们的精彩之作哦。

思维发散

请同学们思考一下，对于上面的作品，我们还能做哪改进？欢迎大家把自己的想法说出来。

创意物化

同学们，我们已经学会了旋转电位器与电机的结合使用，请大家根据本节课所掌握的知识，小组通力合作制作一个属于你们的作品，与大家分享。

1. 头脑风暴，确定主题。

同学们可以尝试制作以下作品：（1）打鼓器；（2）按摩器；（3）雨刮器；（4）模拟引体向上……期待大家的作品。表7–2是创意物化作品的功能说明，请同学们选择自己感兴趣的项目来完成。

表 7–2　创意设计案例参考表

序号	项目	功能
1	打鼓器	通过电位器调节打鼓的节奏
2	按摩器	可以调节锤打身体的速度
3	雨刮器	利用电位器调节雨刮器的速度和运动方向
4	模拟引体向上	整个盒子向上运动，可调节运动速度
5		

2. 小组分工，完成表 7–3。

表 7–3　小组人员分工表

项目名称：__________		组别：__________
分工内容	姓名	备注
设计组		
编程组		
美工组		
操作组		
讲解组		

3. 作品设计图。

4. 制作过程记录。

交流评价

1. 向同学们展示自己的作品，同时收集同学们给你的意见，并把你的优化计划写在下面的框里。

2. 请同学们利用作品评价表 7–4 对同学或自己的作品进行评价。

表 7–4　作品评价表

评价与收获，请为小星星涂上颜色				
评价指标	创新创意	技术功能	外观设计	分享表达
自己评价	☆☆☆☆☆	☆☆☆☆☆	☆☆☆☆☆	☆☆☆☆☆
学生评价	☆☆☆☆☆	☆☆☆☆☆	☆☆☆☆☆	☆☆☆☆☆
老师评价	☆☆☆☆☆	☆☆☆☆☆	☆☆☆☆☆	☆☆☆☆☆
作品改进建议：				

阅读拓展

未来生活

有时候，我们总是对未来充满着幻想，怎样的未来生活才是人们想要的呢？就像未来的高铁，它的速度将达到每小时 1000 千米，几乎是现在最快的高铁速度的 3 倍，并且在电磁导轨上运行。比起要上太空的超高速飞机，人们更喜欢坐超级高铁，因为价格实惠，体验感也差不多。超级高铁也采用飞机和太空飞船那样的密封客舱，因为它在接近真空的管道中行驶，可以降低运行时的空气阻力。

第八章

防盗箱
——震动传感器的应用

学习体验

观察与思考

同学们，你们知道防盗箱是什么吗？它的主要功能有哪些呢？对了，它能有效地保护我们的财产安全。我们一般会在什么情况下使用防盗箱呢？让我们一起观察下面防盗箱的图片，组建团队完成挑战任务吧。

图 8-1　密码锁保险箱

图 8-2　电子智能防盗箱

图 8-3　综合型双重防盗箱

任务

今天，我们就来制作一个有趣又实用的防盗箱吧，当开启防盗功能时，只要箱子被人搬动就会发出警报声。

项目筹备

（一）组建团队

请组建你的项目小组，交流讨论并对组内人员进行分工。

（二）准备器材

本项目需要的传感器和其他器材如表 8-1 所示。

表 8-1　所需器材

序　号	名　称	数　量	备　注
1	触摸开关	1 个	停止防盗功能
2	震动传感器	1 个	检测箱体被提起
3	蜂鸣器	1 个	发出警报声音
4	LED 灯	1 个	发出闪灯警报信号
5	机器人 DIY 主板	1 块	主控器
6	结构件	1 套	搭建外观
7	螺丝、铜柱	若干	连接结构
8	热熔胶枪	1 支	组装零件与材料

结构件清单如下：

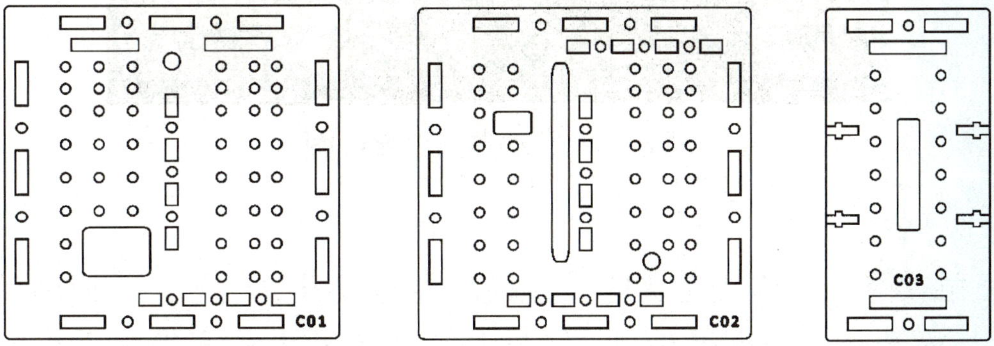

C01 × 1　　C02 × 1　　C03 × 1

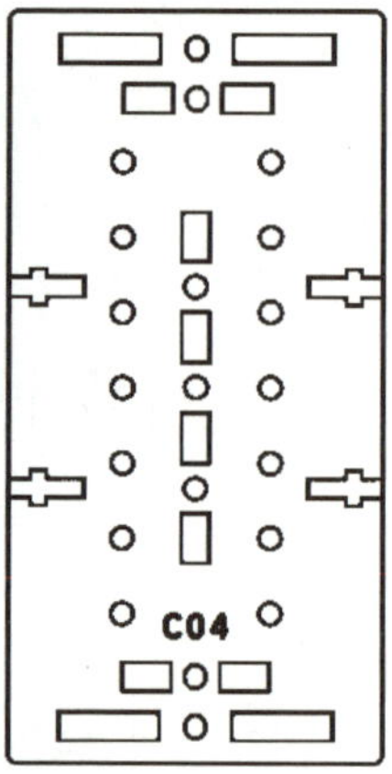

C04×1

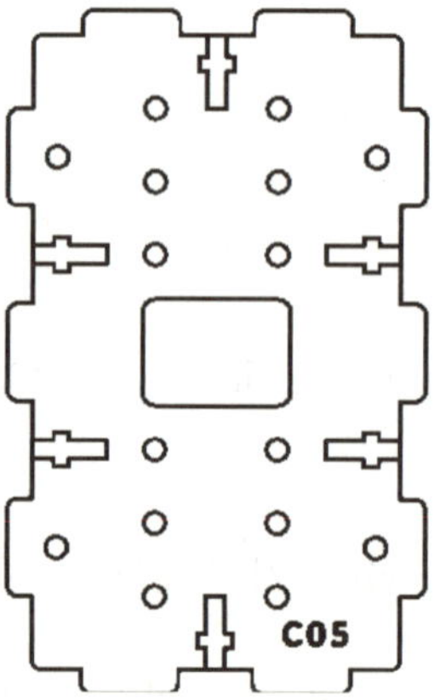

C05×1

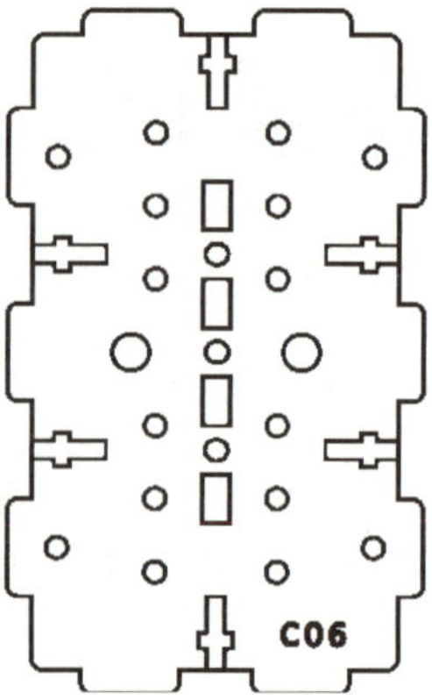

C06×1

（三）知识准备

1. 震动传感器。

震动传感器的作用是检测周围环境是否发生震动，检测返回路信号有 0 和 1。它和主板的接线如图 8–4 所示，震动传感器的编程图标是 震动 数字端口 1。

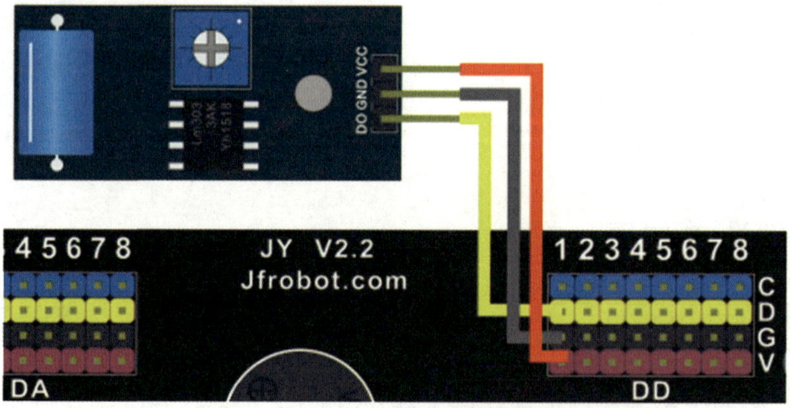

图 8–4 震动传感器接线图

2. 触摸开关。

触摸开关的作用是当它被触摸时会触发开关信号，并返回数值 0，当松开时会返回数值 1。触摸开关和其他电子元件与主板的接线如图 8–5 和图 8–6 所示，它的编程图标是 开关 数字端口 2。

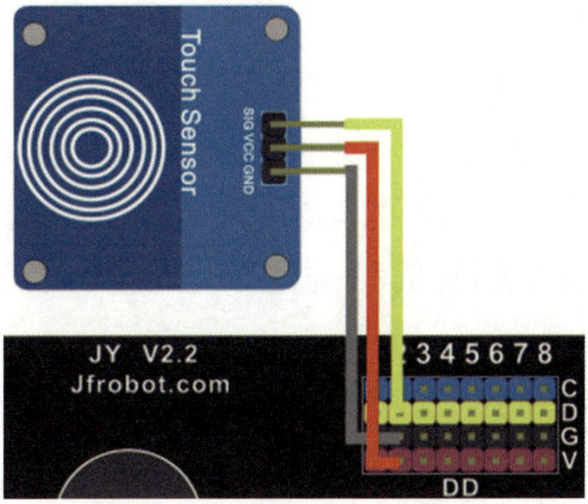

图 8-5　触摸开关接线图

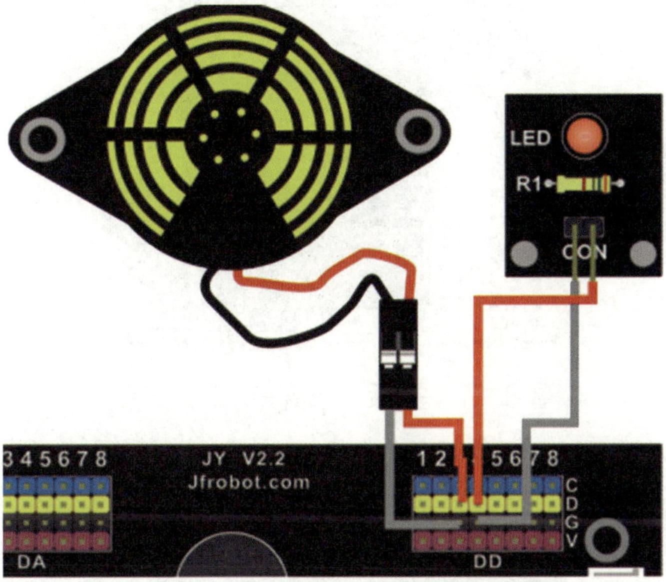

图 8-6　蜂鸣器与 LED 灯接线图

动手实践

（一）描述过程

根据任务，分析过程如下：

1. 检测震动传感器是否被震动，触摸开关是否被触摸。

2. 当检测到震动时，如果触摸开关未被触摸，则发出警报声并点亮指示灯，否则停止报警并熄灭指示灯。

（二）制作实物

防盗箱的安装分为两部分，第一部分是主体的搭建和传感器的安装，第二部分是传感器和主板的连线，具体制作步骤如下。

1. 主体的搭建与传感器的安装。

主体的搭建需要用到的结构件编号为 C01、C02、C03、C04、C05、C06。

用 M3 螺丝把主板安装在 C01 结构件上，震动传感器安装在 C04 结构件上，蜂鸣器装在 C03 结构件上，触摸开关与 LED 灯可以先不装螺丝，效果如图 8–7 所示。

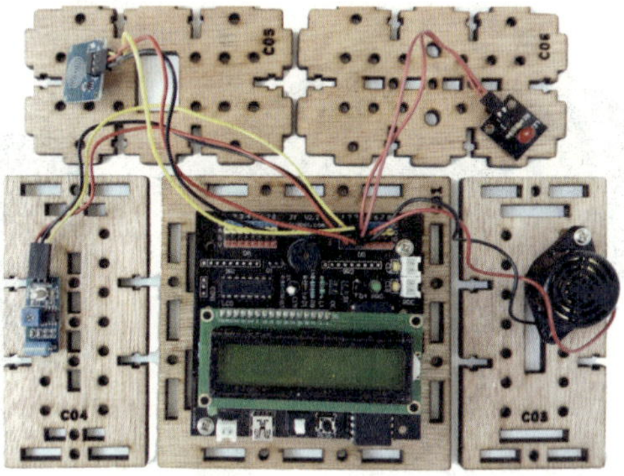

图 8–7　主板、震动传感器安装

利用螺丝把这 5 个结构件组合在一起，安装完成后，如图 8–8 所示。

图 8–8　结构件组合

把触摸开关和 LED 灯从 C02 结构件的长槽中穿出，用热熔胶把它们固定在 C02 结构件上，效果如图 8-9 与图 8-10 所示。

图 8-9　触摸开关与 LED 灯安装

图 8-10　触摸开关与 LED 灯固定

2. 传感器与主板的接线。

如图 8-11 所示，震动传感器接在数字端口 1，触摸开关接在数字端口 2，蜂鸣器接在数字端口 3，LED 灯接在数字端口 4。接线时注意红色线对准端口 V。

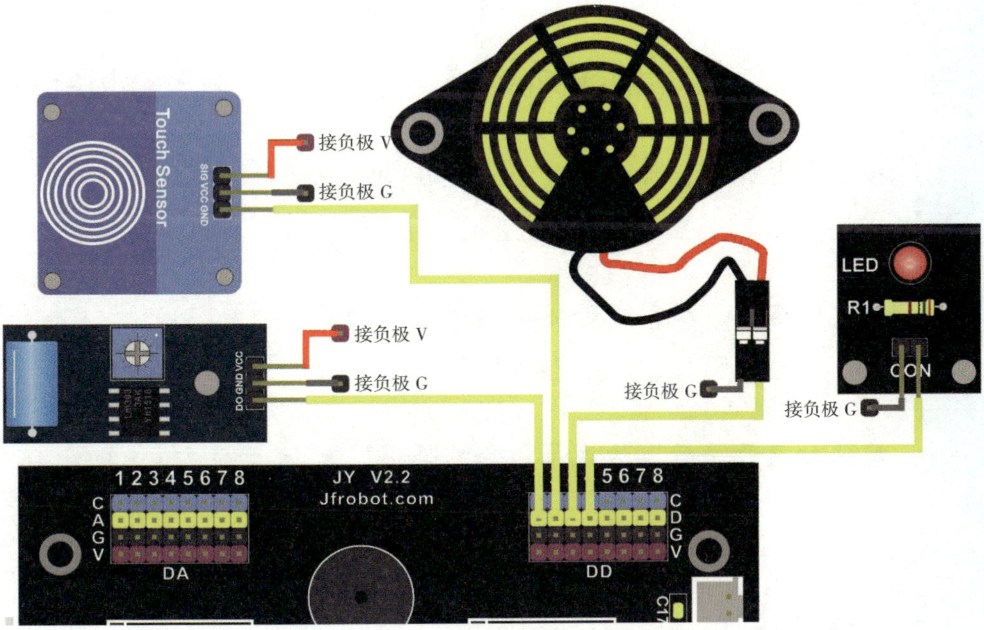

图 8-11　传感器与主板接线图

（三）编程调试

打开 Scratch 编程软件，按照图 8–12 的程序脚本，进行编程。

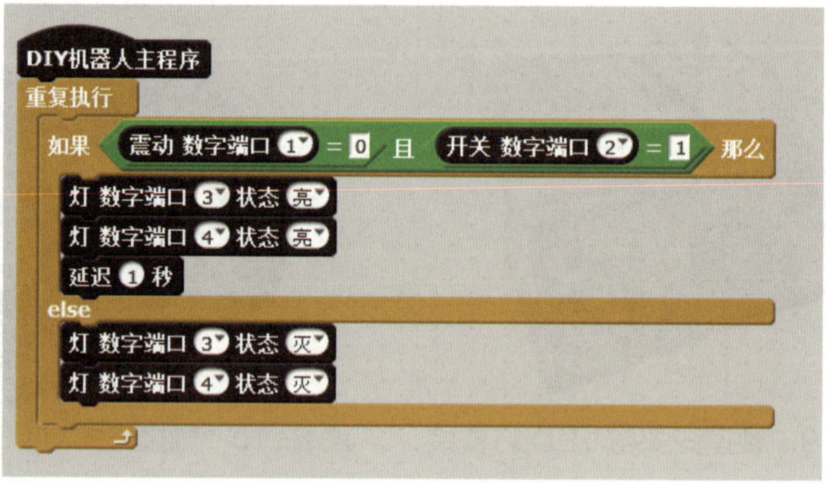

图 8–12　程序编写

请同学们把程序下载到主板中运行调试，并在表 8–2 上填写调试过程。

表 8–2　调试记录表

序　号	内容和现象	修改的模块和参数
1	按下电源开关，防盗箱是否一直在响：________	
2	拿起防盗箱，观察是否成功实现防盗功能：________	
3	按住触摸开关后，防盗箱还会响吗：________	

（四）修正完善

改造 1：请同学们对防盗箱的外形进行改造，做得更加专业些。

改造 2：对目前的防盗箱进行改进，实现更丰富的功能。

思维发散

请同学们思考一下，对于上面的作品，我们还能做什么改进？能用其他传感器来实现防盗功能么？

创意物化

同学们，我们已经掌握了防盗箱的基本制作原理，学会了震动传感器的控制方式，震动传感器除了可以用来制作防盗箱以外，还能用来做什么呢？

1. 头脑风暴，确定主题。

请大家根据本节课所掌握的知识，尝试制作以下作品：（1）睡眠质量检测仪；（2）地震检测仪；（3）拍拍车；（4）自己感兴趣的项目，与同学们分享。表 8–3 是创意物化作品的功能说明，请同学们选择自己感兴趣的项目来完成。

表 8–3　创意设计案例参考表

序　号	项　目	功　能
1	睡眠质量检测仪	记录人睡觉时翻身的次数，检测睡眠质量
2	地震检测仪	检测到地震的时候可以发出警报声音和灯光
3	拍拍车	每当你拍一拍车辆时，它就会向前走一段距离
4		

2. 小组分工，完成表 8–4。

表 8–4　小组人员分工表

项目名称：________		组别：________
分工内容	姓　名	备　注
设计组		
编程组		
美工组		
操作组		
讲解组		

3. 作品设计图。

4. 制作过程记录。

交流评价

1. 向同学们展示自己的作品，同时收集同学们给你的意见，并把你的优化计划写在下面的框里。

2. 请同学们利用作品评价表 8–5 对同学或自己的作品进行评价。

表 8–5　作品评价表

评价与收获，请为小星星涂上颜色				
评价指标	创新创意	技术功能	外观设计	分享表达
自己评价	☆☆☆☆☆	☆☆☆☆☆	☆☆☆☆☆	☆☆☆☆☆
学生评价	☆☆☆☆☆	☆☆☆☆☆	☆☆☆☆☆	☆☆☆☆☆
老师评价	☆☆☆☆☆	☆☆☆☆☆	☆☆☆☆☆	☆☆☆☆☆
作品改进建议：				

阅读拓展

认识震动传感器

在高速发展的现代工业中，现代测试技术向数字化、信息化方向发展已成必然趋势，而测试系统的最前端是传感器，它是整个测试系统的灵魂，被世界各国列为尖端技术，特别是近几年快速发展的 IC 技术（集成电路技术）和计算机技术，为传感器的发展提供了良好与可靠的科学技术基础，数字化、多功能与智能化成为现代传感器发展的重要特征。

震动传感器是一种目前广泛应用的报警检测传感器，它通过内部的压电陶瓷片加弹簧重锤结构感受机械运动震动的参量（如震动速度、频率、加速度等）并转换成可用输出信号。震动传感器在测试技术中是关键部件之一，它具有成本低、灵敏度高、工作稳定可靠，震动检测可调节范围大的优点，被广泛应用于能源、化工、医学、汽车、冶金、机器制造、军工、科研教学等诸多领域。

图 8-13　工业级的震动传感器

第九章

智能台灯
——光敏传感器、超声波传感器的应用

学习体验

观察与思考

同学们有没有这种经历：在台灯下看书久了，眼睛会感到很疲劳，做作业的时候不知不觉头就会往下低，慢慢地形成习惯，视力就会下降，很多同学年纪轻轻就戴上了近视眼镜。假如我们有一款智能台灯，帮助我们保护视力就好了。

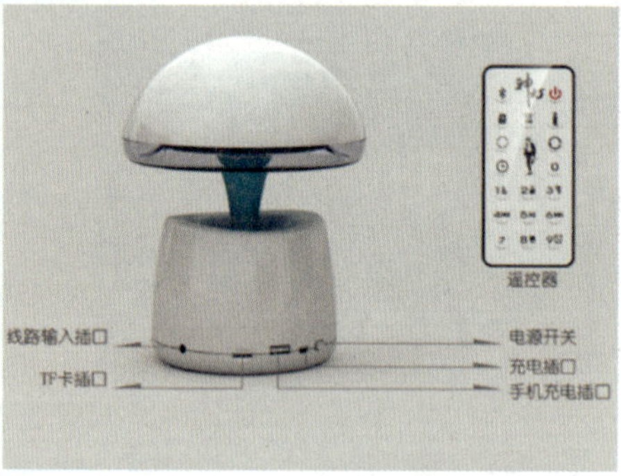

图 9-1 智能遥控台灯

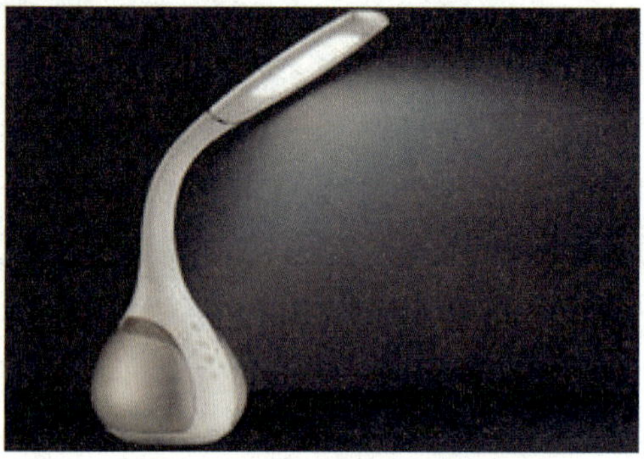

图 9-2 智能护眼台灯

图 9-3 超声波纠正坐姿台灯

任务

今天，我们就利用光敏传感器和超声波传感器制作一款防近视智能台灯。

项目筹备

（一）组建团队

请组建你的项目小组，交流讨论并对组内人员进行分工。

（二）准备器材

本项目需要的传感器和其他器材如表 9-1 所示。

表 9-1　所需器材

序　号	名　称	数　量	备　注
1	光敏传感器	1 个	检测灯光强弱
2	超声波传感器	1 个	检测人与台灯的距离
3	USB LED 光源模块	2 至 4 组	多级调光
4	机器人 DIY 主板	1 块	主控器
5	结构件	1 套	搭建外观
6	USB 母头转杜邦线	2 至 4 条	USB 转接延长线
7	杜邦线延长线	2 条	延长传感器连接线
8	螺丝、铜柱	若干	连接结构

结构件清单如下：

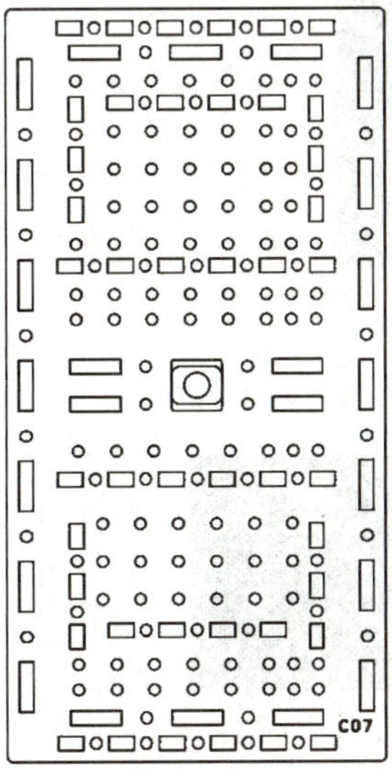

C07 × 1

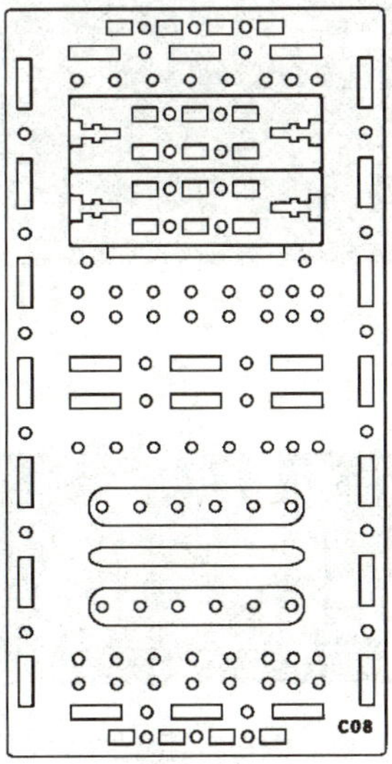

C08 × 1

C09 × 1

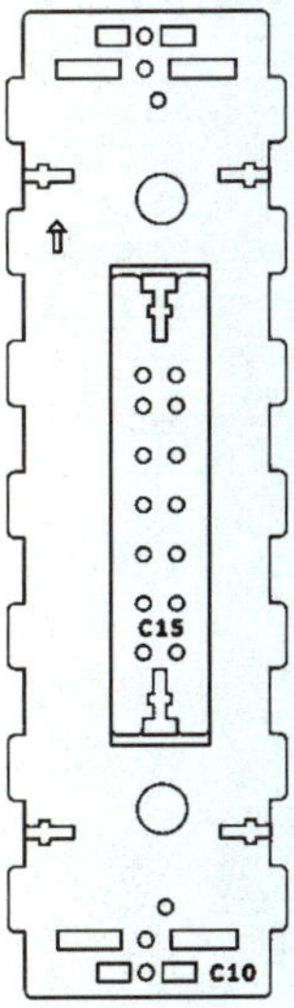

C10 × 1

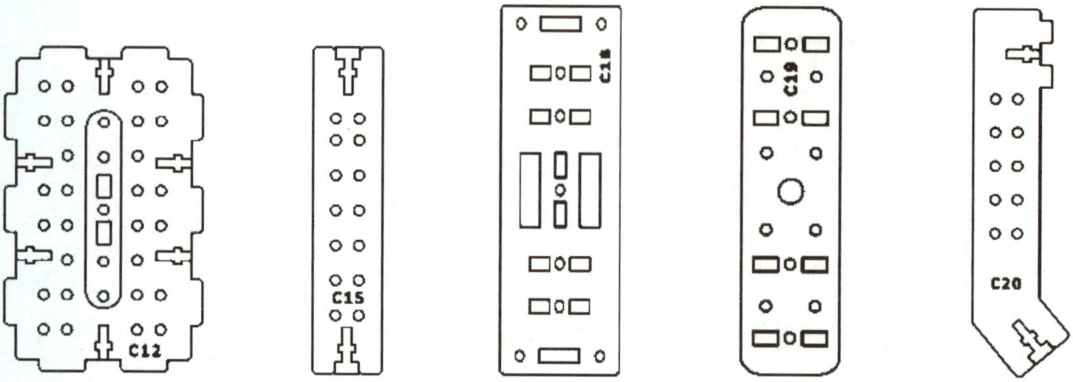

C12×1　C15×2　C18×1　C19×1　C20×2

（三）知识准备

1. 光敏传感器。

光敏传感器主要用于检测周围环境光的亮度，并用数值 0—255 来表示光线亮度的大小，环境光越亮，显示数值越小。它和主板的接线如图 9–4 所示，它的编程图标是 光敏 模拟端口 端口，检测程序如图 9–5 所示。

图 9–4　光敏传感器与主板接线图

图 9-5　光敏检测程序

2. 超声波传感器。

超声波传感器是有一对探头的超声波元件，一个探头发射超声波，一个探头接收超声波，根据从超声波发射到接收的时间差，就可以计算出障碍物的距离。它和主板的接线如图 9–6 所示，它的编程图标是 超声波 数字端口 端口，检测程序如图 9–7 所示。

图 9-6　超声波传感器与主板接线图

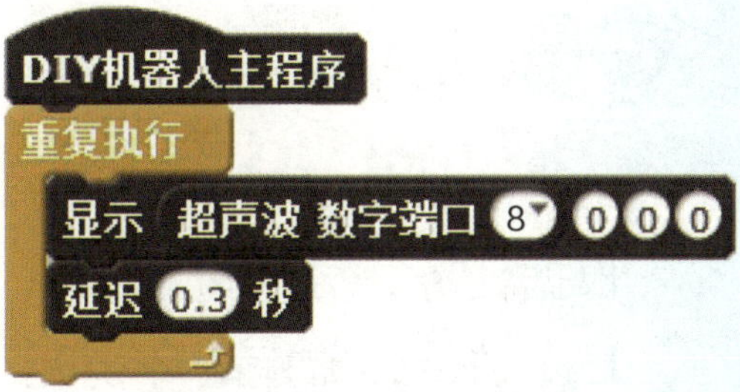

图 9-7　超声波检测程序

3. USB LED 光源模块。

LED 灯亮度高、故障率低、能耗少、使用寿命长。基于 USB

接口的 LED 灯即插即用，极具操作性。它和主板的接线如图 9-8 所示，它的编程图标是 灯 数字端口 端口 状态 亮，检测程序如图 9-9 所示。

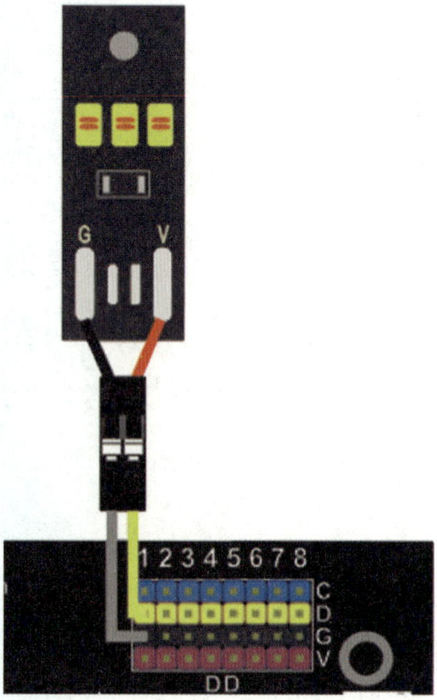

图 9-8　LED 灯与主板接线图

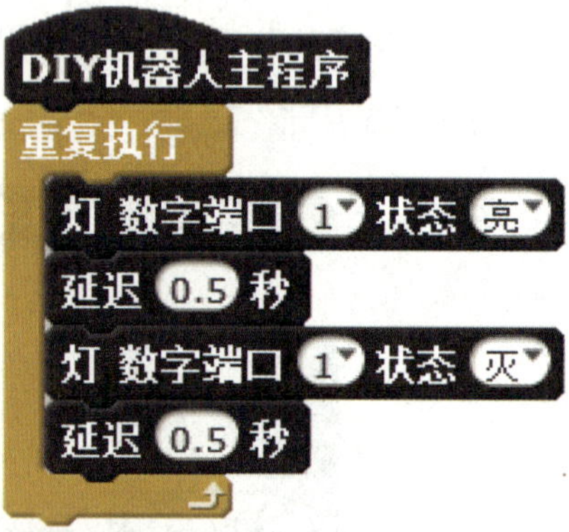

图 9-9　LED 灯检测程序

动手实践

（一）描述过程

根据任务，分析过程如下：

1. 光敏传感器检测环境光线亮暗，超声波检测人与台灯的距离。
2. 显示光敏传感器和超声波返回的数值。
3. 环境光线暗，亮灯 1。
4. 环境光线很暗，亮灯 2。
5. 超声波检测距离小于 30 cm 发出声音。

（二）制作实物

智能台灯的安装分为两部分，第一部分是主体的搭建与传感器的安装，第二部分是传感器和主板的连接，具体制作步骤如下：

1. 主体的搭建与传感器的安装。

主体的搭建需要的结构件编号是 C07、C08、C09、C10、C12、C15、C16、C18、C19、C20。

用结构件 C08、C09、C10、C12 组成盒子并用螺丝固定，用螺丝将尺寸为 12 mm 的铜柱固定在主板上。效果如图 9-10 所示。

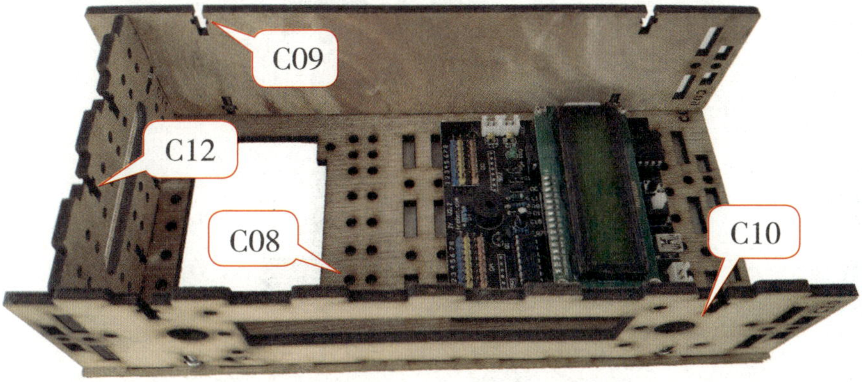

图 9-10 主体搭建效果

用结构件 C07、C12、C15（两片）、C18、C19、C20（两片）组合成一个支架，效果如图 9-11 所示。

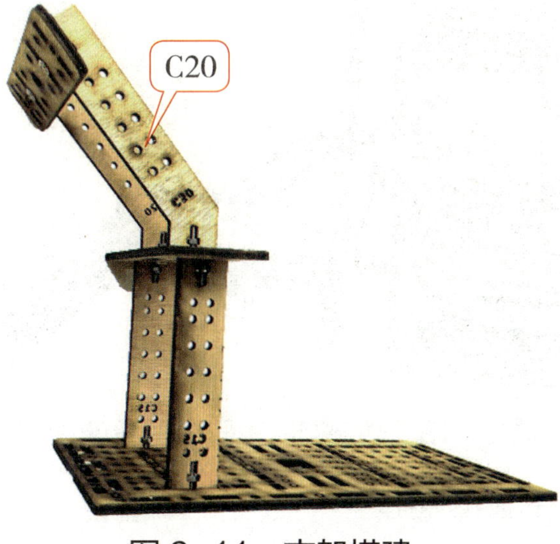

图 9-11 支架搭建

在结构件架子上安装光敏传感器、超声波传感器、USB LED 光源模块。LED 光源模块用 USB 转接延长线连接。效果如图 9-12 所示。

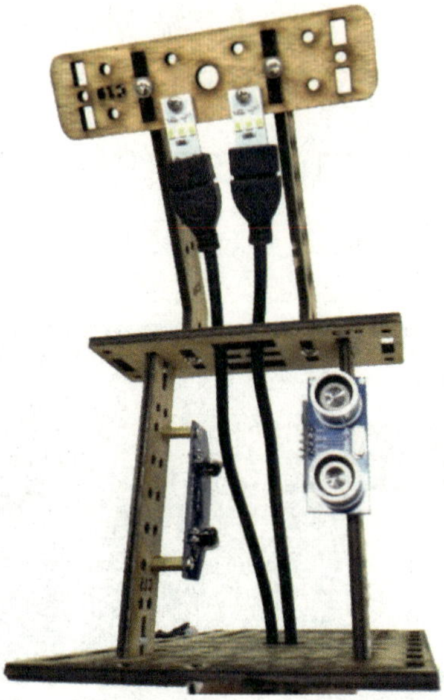

图 9-12　传感器、LED 光源安装

把光敏传感器、超声波传感器、USB LED 光源模块用连接线接在主板上，效果如图 9-13 所示。

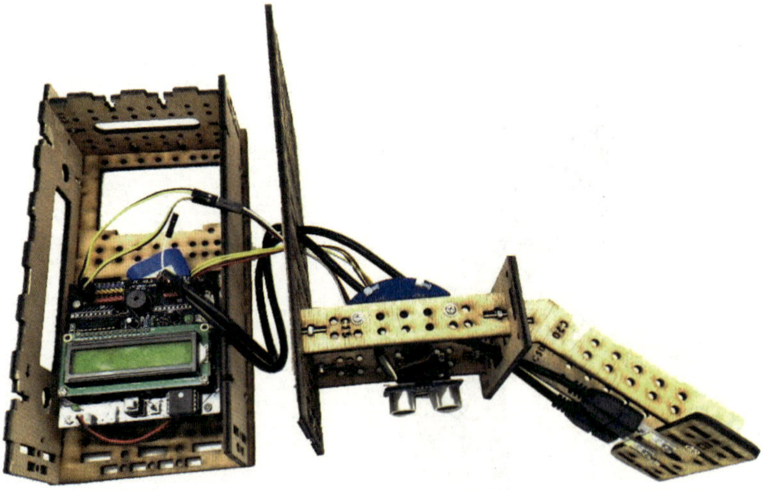

图 9-13　传感器、LED 光源连接主板

2. 传感器与主板的连接。

如图 9-14 所示，光敏传感器接在模拟端口 1 和 2，USB LED 光源模块接在数字端口 1，超声波传感器接在数字端口 8（接线时

注意红色线对准端口 V）。

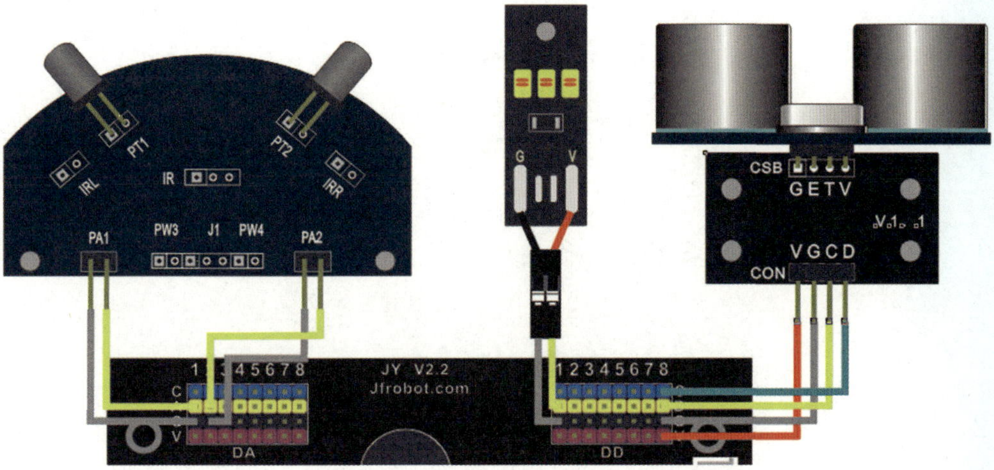

图 9-14　完整硬件接线图

（三）编程调试

打开 Scratch 编程软件，按照图 9-15 来编程。

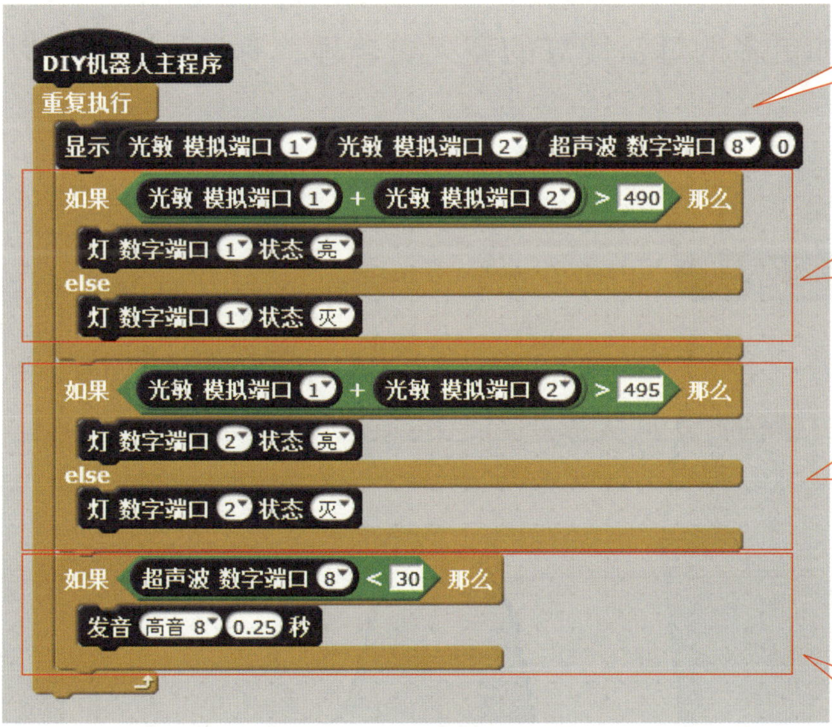

图 9-15　程序编写

请同学们把程序下载到主板中运行调试，并在表9–2上记录调试情况。

表9–2　调试记录表

序号	内容和现象	修改的模块和参数
1	按下电源开关，观察灯1是否能随环境光的变化而亮灭。如果不能，你的做法是：________	
2	观察灯2是否能随环境光的变化而亮灭。如果不能，你的做法是：________	
3	观察超声波传感器检测人体的靠近，检测距离小于30 cm时是否发声。如果不能，你的做法是：________	

（四）修正完善

改造1：增加更多的灯，使灯的亮灭更合理，有多种亮度可以选择。

改造2：完善智能台灯的外观设计，使它更漂亮。

思维发散

请同学们思考一下，对于上面的作品，我们还能做什么改进？台灯还可以有怎样的结构？欢迎大家把自己的想法说出来。

创意物化

同学们，在这里我们已经掌握了智能台灯的基本制作原理，学会了光敏传感器和超声波传感器的使用，光敏传感器和超声波传感器除了可以用来制作智能台灯之外，还能用来做什么呢？

1. 头脑风暴，确定主题。

请大家根据本节课所掌握的知识，尝试制作以下作品：（1）光感窗帘；（2）天亮闹钟；（3）向光器；（4）自己感兴趣的项目，与同学们分享。表9–3是创意物化作品的功能说明。请同学们选择自己感兴趣的项目来完成。

表 9–3　创意设计案例参考表

序　号	项　目	功　能
1	光感窗帘	利用光敏传感器和电动窗帘组合成一个能根据阳光的强弱自动调整窗帘开合的光感窗帘
2	天亮闹钟	利用光敏传感器和蜂鸣器或者其他发声传感器组合成一个天亮闹钟，会在天亮的时候自动发出声音
3	向光器	利用光敏传感器和伺服马达器组合成会自动向着太阳光的向光器
4		

2. 小组分工，完成表 9-4。

表 9-4 小组人员分工表

项目名称：______		组别：______
分工内容	姓 名	备 注
设计组		
编程组		
美工组		
操作组		
讲解组		

3. 作品设计图。

4. 制作过程记录。

交流评价

1. 向同学们展示自己的作品，同时收集同学们给你的意见，并把你的优化计划写在下面的框里。

2. 请同学们利用作品评价表 9–5 对同学或自己的作品进行评价。

表 9–5　作品评价表

评价与收获，请为小星星涂上颜色				
评价指标	创新创意	技术功能	外观设计	分享表达
自己评价	☆☆☆☆☆	☆☆☆☆☆	☆☆☆☆☆	☆☆☆☆☆
学生评价	☆☆☆☆☆	☆☆☆☆☆	☆☆☆☆☆	☆☆☆☆☆
老师评价	☆☆☆☆☆	☆☆☆☆☆	☆☆☆☆☆	☆☆☆☆☆
作品改进建议：				

阅读拓展

光敏传感器的应用

光敏传感器的应用主要是光敏电阻的应用，在自动控制、家用电器中存在广泛的应用，例如，在电视机中作亮度自动调节，在照相机中作自动曝光，在路灯、航标中作自动电路控制、防盗报警装置等。在此，主要讨论光敏传感器在智能手机中的应用。

手机从最初的芯片降耗节能，实现超长待机，到 LCD“屏变”，实现节能、健康、不刺眼，一直发展到今天，利用线性光敏传感器实现诸多功能。

1. 键盘节能感应：在正常使用手机的情况下，白天可自动关闭键盘背光灯，晚上则可自动开启，起到节能作用。

2. 智能感光（LCD 屏感应）：可感应环境光线强弱自动调节 LCD 屏亮度等级、图像色彩。太阳光下看得更清晰，晚上不刺眼，随时随地自动调节亮度，保护视力的同时还能节省手机的功耗。

3. 来电铃声转静音：当你正在会议中，手机却响起洪亮的来电铃声，而对方又是自己多年未见的好朋友，接还是挂？都不行！轻触光感 IC 窗口两次，来电铃声轻松转为静音了，既不打扰会议，又不会得罪朋友，一举两得。

4. 拍摄自动补光感应：拍照时什么时候该开补光灯呢？交给光感 ICLXD/GB5-A1DPZ 吧，只要你在自动模式下，它就会在需要补光时自动为你开启补光灯，不需补光时又能自动为你关闭。

第十章

彩灯魔方
——倾斜角度传感器、LED 全彩灯的应用

学习体验

观察与思考

现在市面上出现了一种魔方控制器，能够通过翻转、摇晃、转动控制电灯、空调等设备的开关和调节等操作，非常方便。这是什么原理呢？原来它里面有陀螺仪，通过传感器数据，能够精确地计算出魔方的状态。思考一下怎么使用实验室的器材模仿出类似的控制器。

图 10-1　魔方控制器

任务

今天我们模仿制作出一个彩灯魔方，通过倾斜角度传感器感知摆放面的不同，控制 LED 全彩灯发出不同颜色的灯光。

项目筹备

（一）组建团队

请组建你的项目小组，交流讨论并对组内人员进行分工。

（二）准备器材

本项目需要的传感器和其他器材如表 10-1 所示。

表 10-1　所需器材

序　号	名　称	数　量	备　注
1	倾斜角度传感器	4 个	感知倾斜角度
2	全彩 LED 灯	1 个	发出不同颜色灯光
3	机器人 DIY 主板	1 块	主控器
4	螺丝、铜柱	若干	M3×8，M3×12
5	热熔胶枪	1 把	粘贴零件与材料

结构件清单如下：

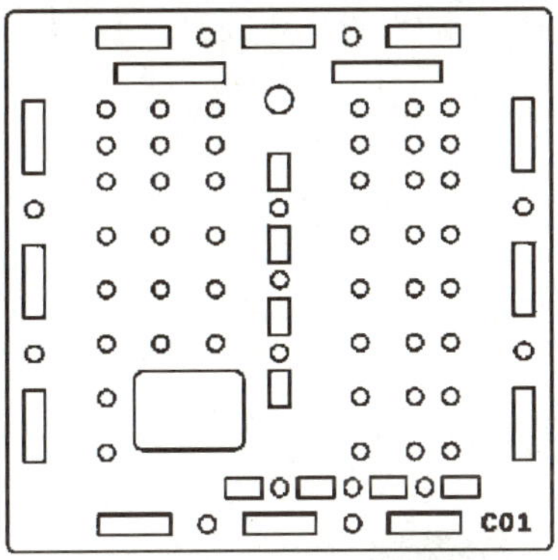

C01×1

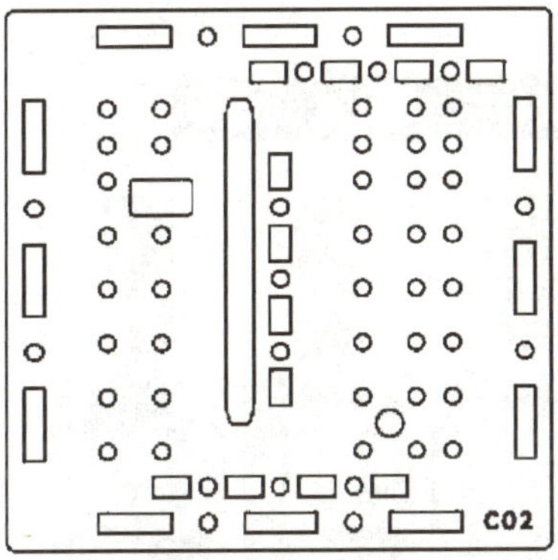

C02×1

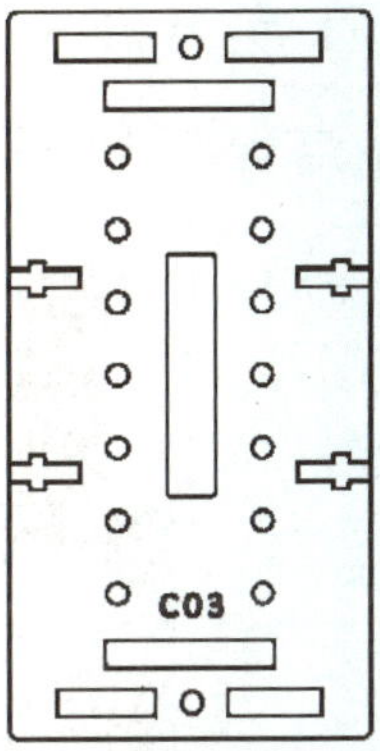

C03×1

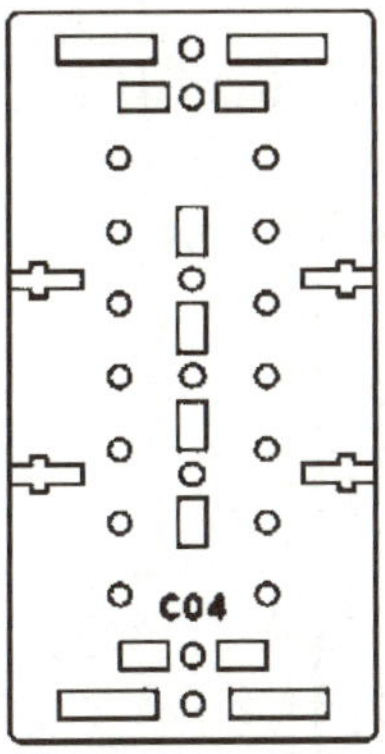

C04×1

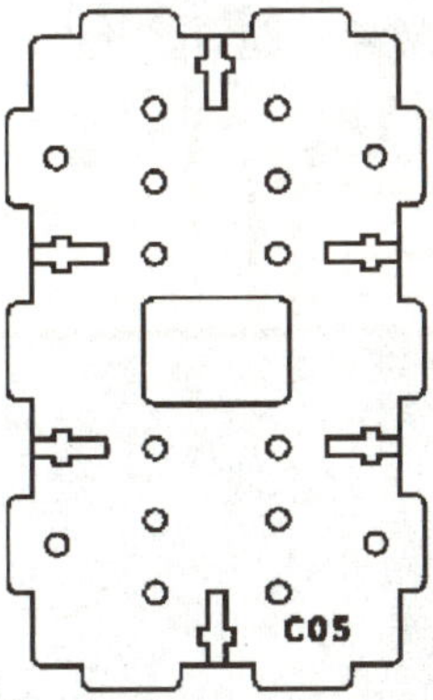

C05×1

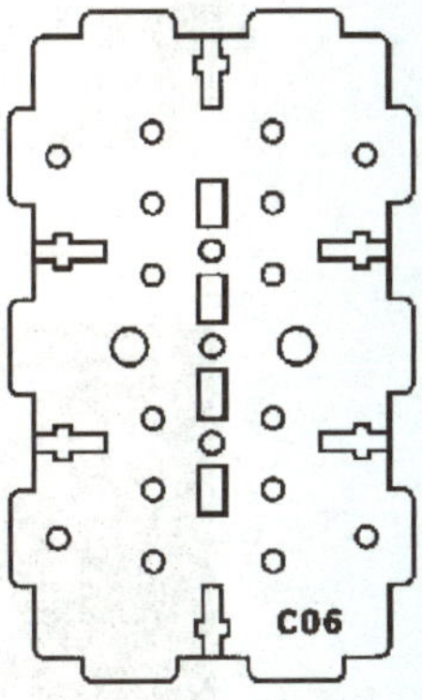

C06×1

（三）知识准备

1. 倾斜角度传感器。

倾斜角度传感器的金属头中有一个或多个小钢珠，根据小球向低处走的特性，传感器不同的摆放角度使开关闭合或断开，此模块的端口输出数字量 0 或 1。它和主板的接线如图 10–2 所示，倾斜传感器的编程图标是 开关 数字端口 5。

2. 全彩 LED 灯。

为了显示不同的状态效果，使用到四脚全彩 LED，它是 LED 封装产品中一种特殊的产品，一颗灯珠内有红绿蓝 3 颗芯片，可以通过控制 R、G、B 管脚的电平，组合发出不同颜色的光。为了方便全彩 LED 灯的接线，还应用到一个端口扩展卡，把主板上的端口 1 至 4 组合起来。它和主板的接线如图 10–2 所示，全彩 LED 灯的编程图标是 灯 数字端口 1 状态 亮。

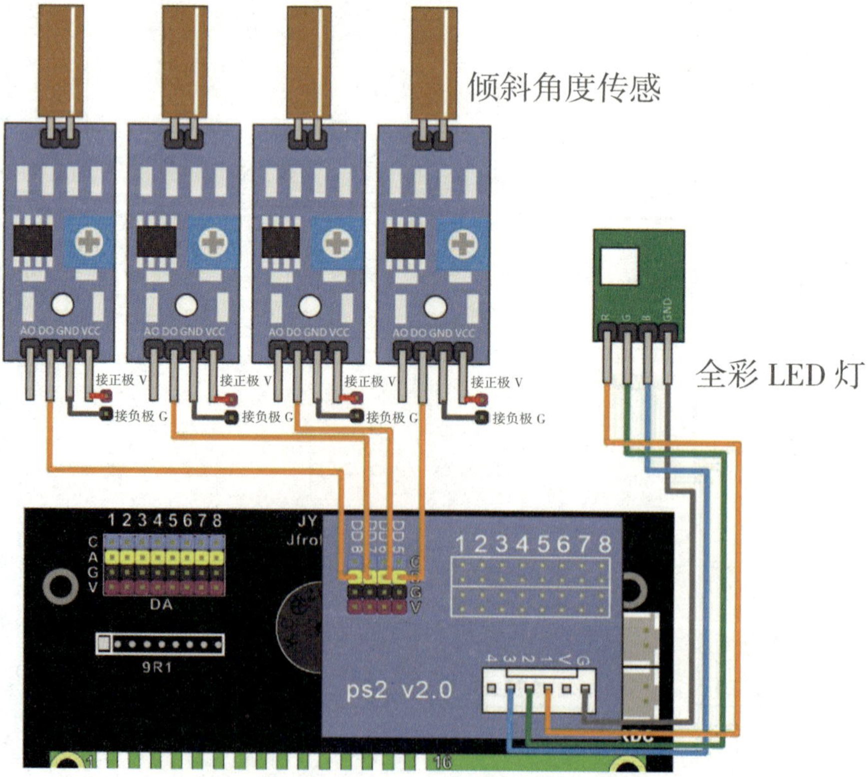

图 10–2 拓展卡、全彩 LED 灯与主板接线图

动手实践

（一）描述过程

根据任务，分析过程如下：

1. 如果 12 点钟方向倾斜传感器为 1，仅把全彩 LED 灯红色点亮。

2. 如果 3 点钟方向倾斜传感器为 1，仅把全彩 LED 灯绿色点亮。

3. 如果 6 点钟方向倾斜传感器为 1，仅把全彩 LED 灯蓝色点亮。

4. 如果 9 点钟方向倾斜传感器为 1，把全彩 LED 灯红色、绿色、蓝色点亮叠加成白色。

5. 重复以上过程。

（二）制作实物

安装主要分为两部分，第一部分是主体的搭建和传感器的安装，第二部分是传感器和主板的连线，具体制作步骤如下。

1. 主体的搭建与传感器的安装。

主体的搭建需要用到的结构件编号为 C01、C02、C03、C04、C05、C06。

将 C02、C05、C06 结构件用 M3 螺丝组合起来，并在 C02 上用 M3 螺丝装上主板。如图 10-3 所示。

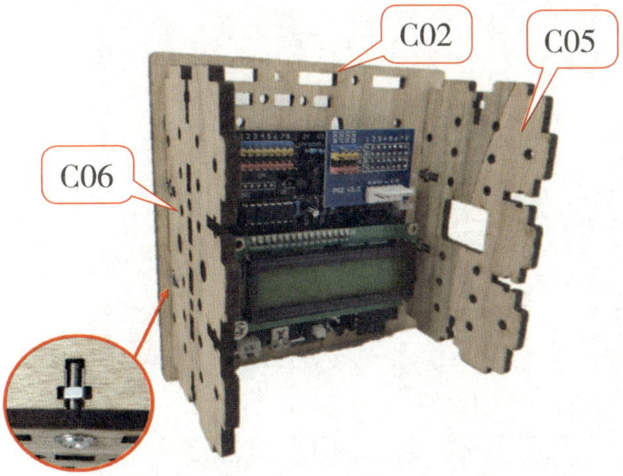

图 10-3　结构件组合

将 C03、C04 结构件与上图已经组装好的部件用 M3 螺丝固定，并上面放置电池盒。如图 10–4 所示。

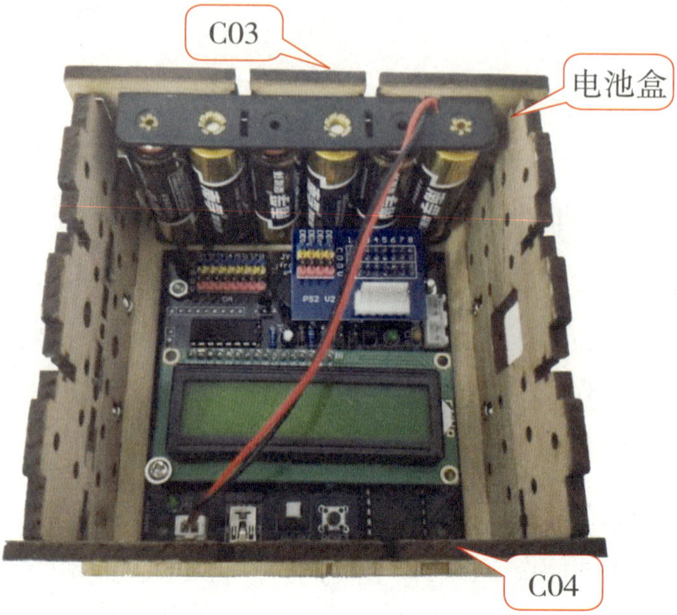

图 10–4　电池盒安装

用 M3 螺丝把 4 个倾斜角度传感器固定在 C01 结构件上，并保证 4 个倾斜角度传感器的金属管垂直朝向 C01 结构件的 4 个边，即向 12 点钟、3 点钟、6 点钟和 9 点钟方向。

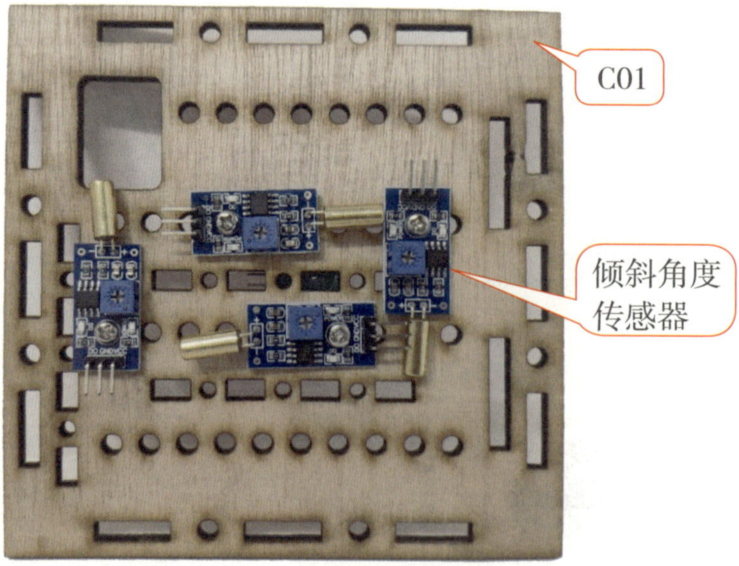

图 10–5　倾斜角度传感器固定

用 M3 螺丝把 C01 结构件固定在之前已组装好的结构件上。为了美观，将 C01 装有 4 个倾斜角度传感器的一面向里装，并在 C01 结构件另一面用热熔胶全彩 LED 粘上去。

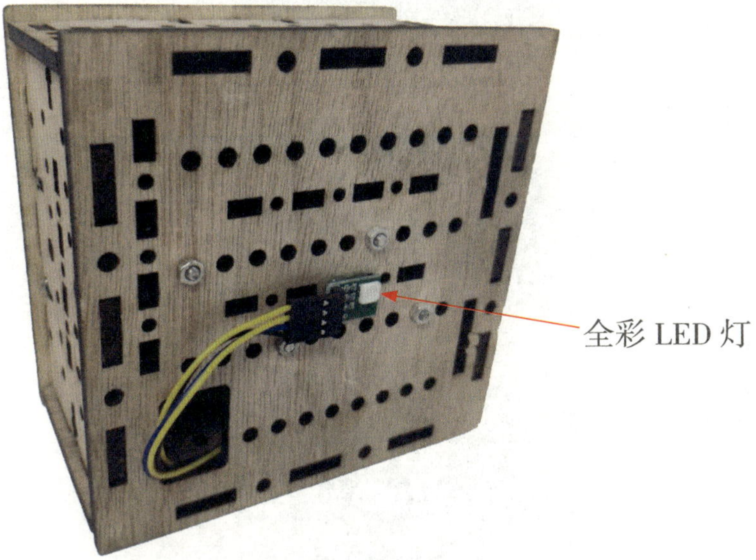

图 10-6 主体搭建和传感器安装完成图

2. 传感器与主板的接线。

如图 10-2 所示，4 个倾斜角度传感器分别接在数字端口 5、6、7、8，全彩灯的 GND 线接到扩展板的 GND 线上，R、G、B 分别接到扩展板的 1、2、3 端口上。注意线的顺序，接反可能会烧毁电子原件，请确认接正确后再通电测试。倾斜角度传感器有 4 个针脚，只用到 VCC、GND、DO3 个，AO 为空置针脚，不接线。为了减少出错，一般红线接 VCC（正极），黑线接 GND（负极），黄线接 DO。

（三）编写调试

打开 Scratch 编程软件，按照图 10-7 的步骤，进行编程。

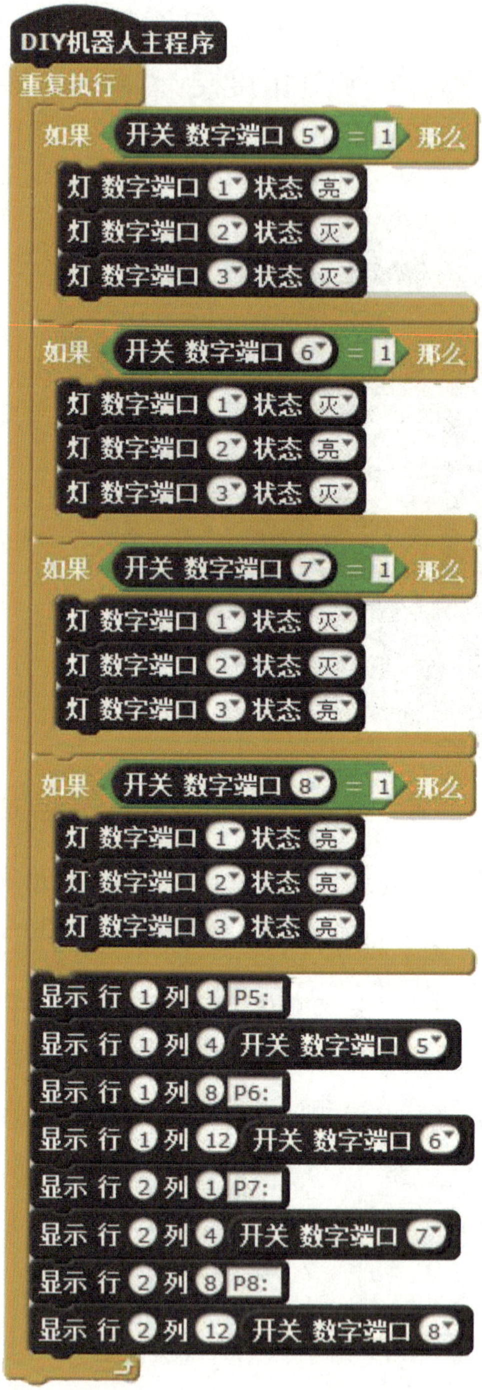

图 10-7 程序编写

请同学们用数据线连接电脑和主板，下载程序到主板。当我们翻转到彩灯魔方 4 个不同的面时全彩灯会分别显示出红、绿、蓝、白 4 个色彩。如果翻转到相应的面不会显示相应的色彩时请检查 4

个倾斜角度传感器金属管是否垂直安装朝向四个面。调试时，在表10–2 上记录调试情况。

表 10–2　调试记录表

序　号	内容和现象	修改的模块和参数
1	翻转彩灯魔方，显示屏上能否显示出变化的数字？ ________________	
2	LED 灯没亮的原因可能是：线没接好；程序中的数字端口没有选择正确。程序中的条件设置不合理还有可能是： ________________	
3	慢慢翻转彩灯魔方，观察翻转大约多少角度，灯的颜色会发生变化呢？ ________________	

（四）修正完善

改造 1：可以对彩灯魔方进行外观特色设计。

改造 2：可以对彩灯魔方增加新功能，例如增加音乐播放功能。

思维发散

请同学们思考一下，对于上面的作品，我们还能做些什么改变？用两个倾斜角度传感器能否做出同样效果的彩灯魔方，如何安装倾斜角度传感器？如何编程？请大家试一试。

创意物化

同学们，我们学会了倾斜角度传感器的控制方式，倾斜角度传感器除了可以用来制作彩灯魔方以外，还能用来做什么呢？

1. 头脑风暴，确定主题。

请大家根据本节课所掌握的知识，尝试制作以下作品：（1）老人摔倒报警器；（2）台式风扇倾倒断电保护电路；（3）手势控制车；（4）自己感兴趣的项目。表 10–3 是创意物化作品的功能说明，请同学们选择自己感兴趣的项目来完成。

表 10–3　创意设计案例参考表

序　号	名　称	简要功能说明
1	老人摔倒报警器	佩带在老人身上，检测到老人摔倒就发出报警声或者通过电话模块给家属打电话
2	台式风扇倾倒断电保护电路	检测到台式风扇是否是直立的，如不是就进行断电，保护使用者的安全
3	手势控制车	在控制器中安装倾斜角度传感器，当遥控器向前倾斜时，控制遥控小车前进；当遥控器向后倾斜时，控制遥控小车后退；当遥控器向左倾斜时，控制遥控小车向左转；当遥控器向右倾斜时，控制遥控小车向右转
4		

2. 小组分工，完成表 10–4。

表 10–4　小组人员分工表

项目名称：________	组别：________	
分工内容	姓　名	备　注
设计组		
编程组		
美工组		
操作组		
讲解组		

3. 作品设计图。

4. 制作过程记录。

交流评价

1. 向同学们展示自己的作品，同时收集同学们给你的意见，并把你的优化计划写在下面的框里。

请同学们利用作品评价表10–5对同学或自己的作品进行评价。

表 10–5　作品评价表

评价与收获，请为小星星涂上颜色				
评价指标	创新创意	技术功能	外观设计	分享表达
自己评价	☆☆☆☆☆	☆☆☆☆☆	☆☆☆☆☆	☆☆☆☆☆
学生评价	☆☆☆☆☆	☆☆☆☆☆	☆☆☆☆☆	☆☆☆☆☆
老师评价	☆☆☆☆☆	☆☆☆☆☆	☆☆☆☆☆	☆☆☆☆☆
作品改进建议：				

阅读拓展

认识倾斜角度传感器

倾斜角度传感器又叫角度传感器、滚珠开关。常用的SW520D型倾斜角度传感器，采用两颗滚珠触发开关，将模块水平轻放于桌面后，将模块朝一个方向慢慢旋转，开关指示灯会亮，然后再将模块朝相反的方向旋转，回到最初的状态，开关指示灯会灭。这个现象说明，改变传感器角度可以触发模块，从而控制开关指示灯。

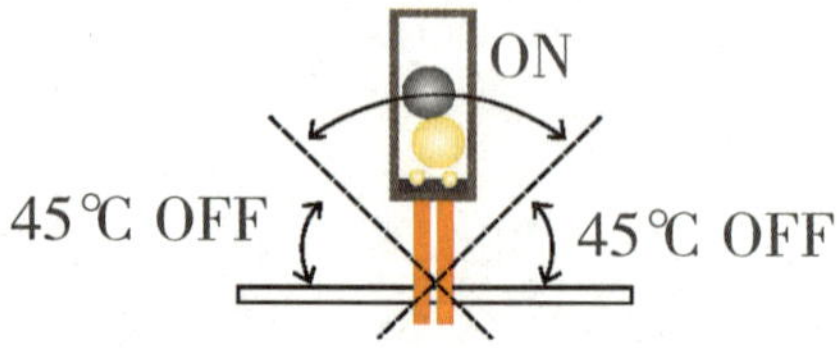

图 10–8　倾斜角度传感器示意图

第十一章

保温杯座

——加热片的应用

学习体验

观察与思考

关于喝水的知识，你知道多少呢？在我们日常生活中喝的水温度不宜过高，40 ℃左右的温开水最好，既不会过度刺激肠胃，又不易造成血管收缩。今天，就让我们来尝试制作一个保温杯吧。它能保持水温，让我们能随时喝上温水，让我们的生活更健康。下面，让我们一起观察下面的图片，组建团队完成任务。

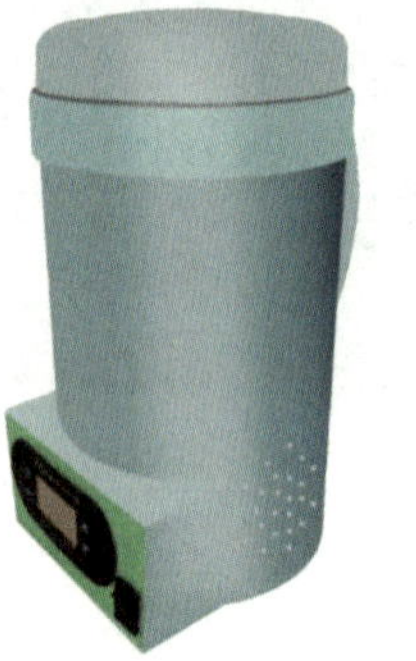
图 11-1　加热一体式保温杯

图 11-2　分体式保温杯

图 11-3　各种特色外观的保温杯

任务

今天，我们来制作一个可以对杯子自动加热并控制温度的保温杯座吧。

项目筹备

（一）组建团队

请组建你的项目小组，交流讨论并对组内人员进行分工。

（二）准备器材与工具

本项目需要的传感器和其他器材如表 11-1 所示。

表 11-1　所需器材

序　号	名　称	数　量	备　注
1	加热片	1 个	使杯子中的水升温
2	温度传感器	1 个	检测杯子中的水温
3	红外线传感器	1 个	检测杯子是否放在底座
4	LED 灯	1 个	加热片工作指示灯
5	机器人 DIY 主板	1 块	主控器
6	结构件	1 套	搭建外观
7	螺丝、螺丝刀	若干	连接结构
8	热熔胶枪	1 把	组装零件与材料

结构件清单如下：

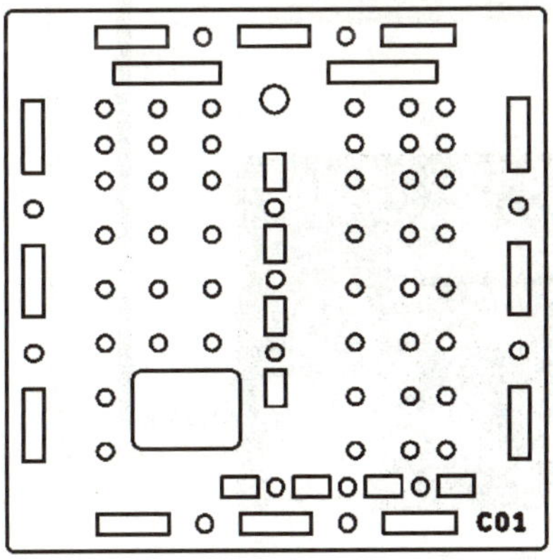

C01 × 1

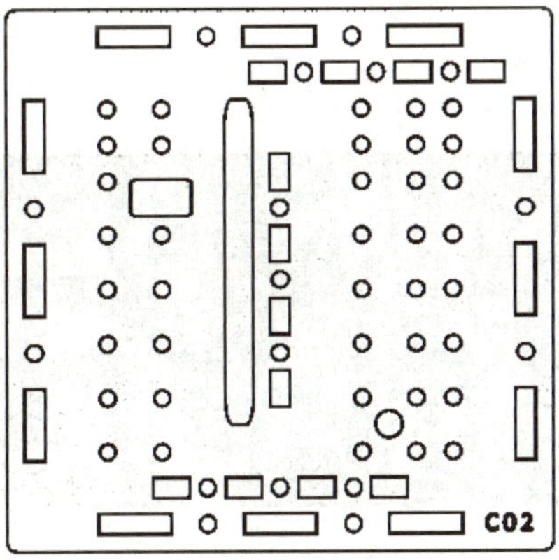

C02 × 1

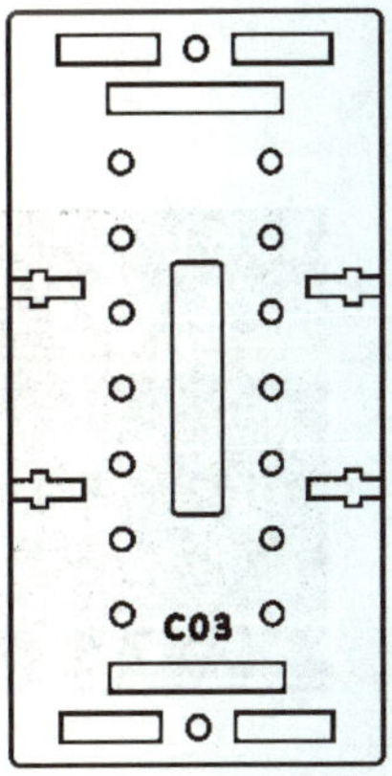

C03 × 1

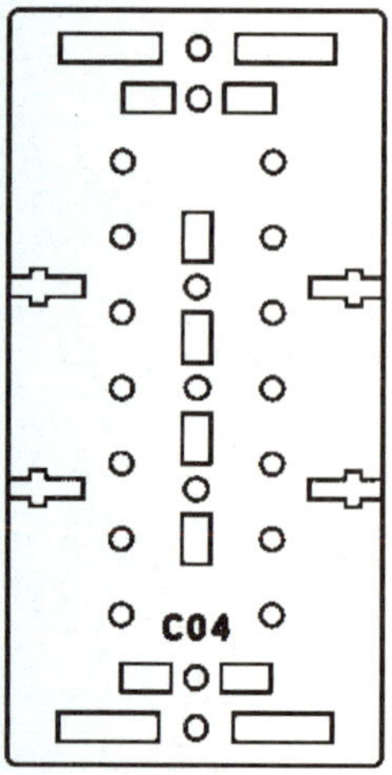

C04 × 1

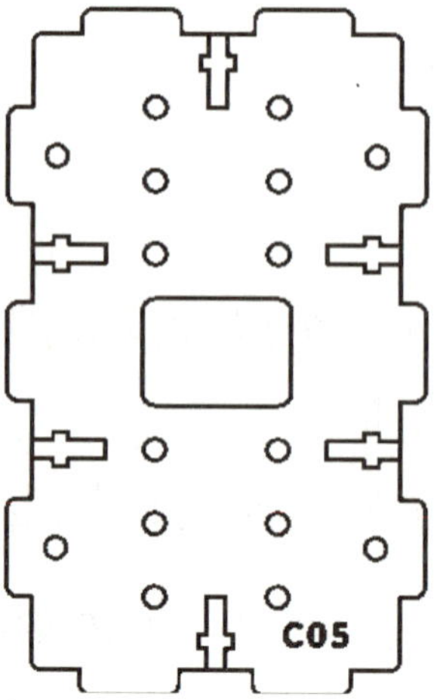

C05 × 1

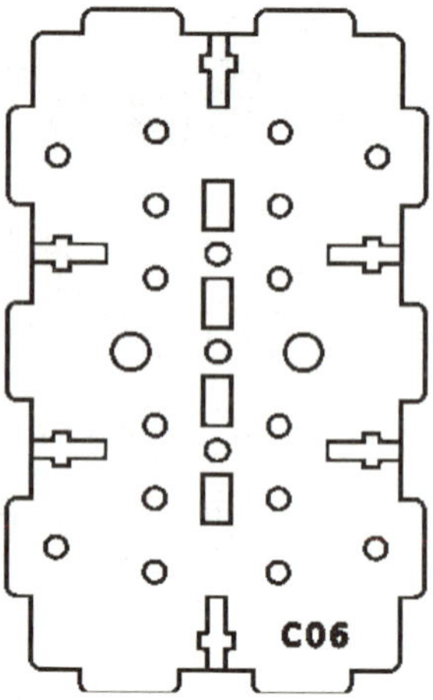

C06 × 1

（三）知识准备

加热片的作用是让贴近它的物体提升温度，它和主板的接线如图 11–4 所示，加热片的编程图标和马达一样，都是 马达 左 100 右 0 。

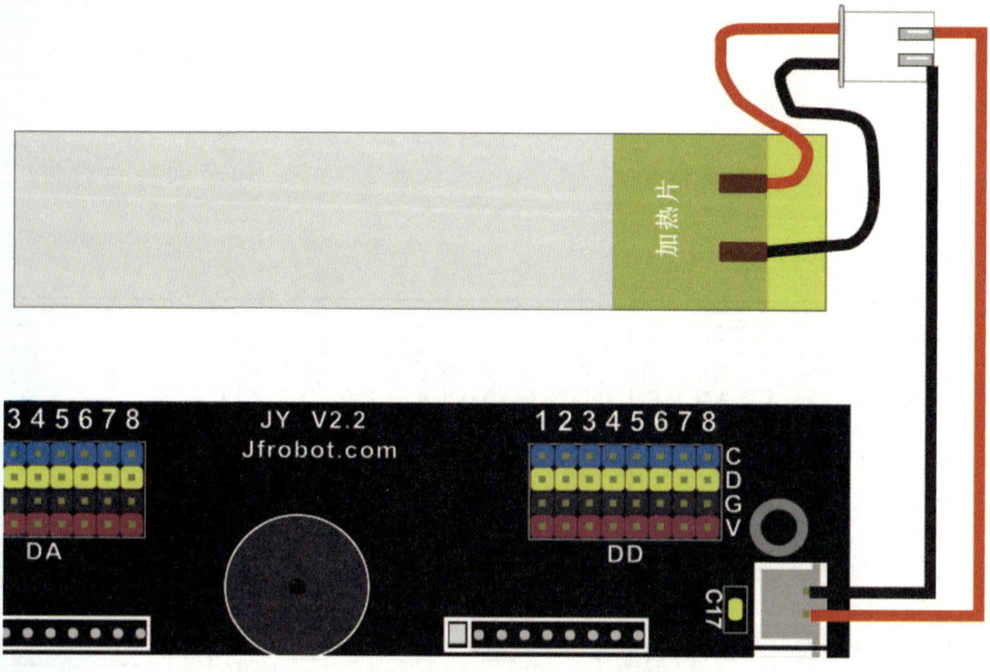

图 11–4　加热片与主板接线图

动手实践

（一）描述过程

根据任务，分析过程如下：

1. 检测红外线传感器上是否有水杯。

2. 如果有水杯时，开始检测温度的数值。

3. 温度值小于 30，则启动加热片，打开 LED 灯。

4. 温度值大于等于 30，则停止加热片，关闭 LED 灯。

（二）制作实物

保温杯座的制作分为两部分，第一部分是主体的搭建和传感器的安装，第二部分是传感器和主板的连线，具体制作步骤如下。

1. 主体的搭建和传感器的安装。

主体的搭建需要的结构件编号是 C01、C02、C03、C04、C05、C06。

用 M3 螺丝把主板安装在 C01 结构件上，红外线传感器和温度传感器装在 C02 结构件，加热片与 LED 灯可以先不装螺丝，效果如图 11–5 所示。

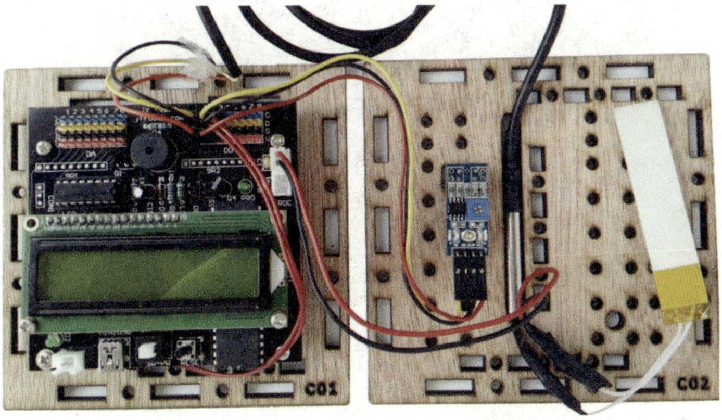

图 11–5 主板、传感器安装

利用螺丝把所有结构件组合在一起，把加热片和 LED 灯从结构件 C03 的方孔中穿出，效果如图 11–6 所示。

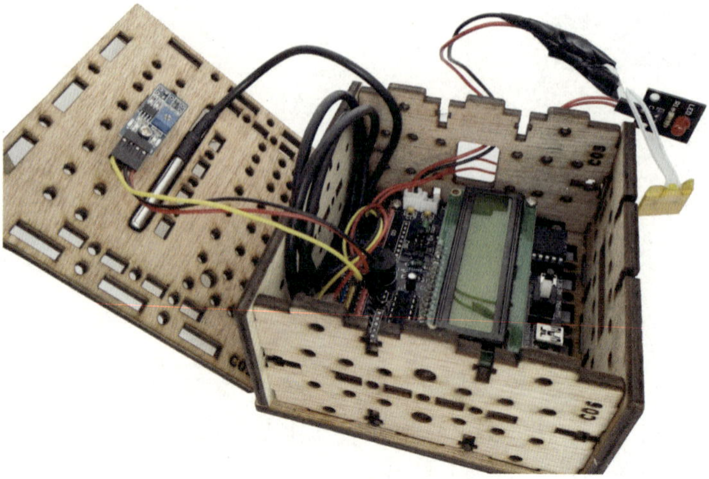

图 11-6　结构件组合

用螺丝把 LED 灯安装在箱体上，再把加热片固定在面板上方温度传感器的旁边，完成搭建，效果如图 11–7 所示。

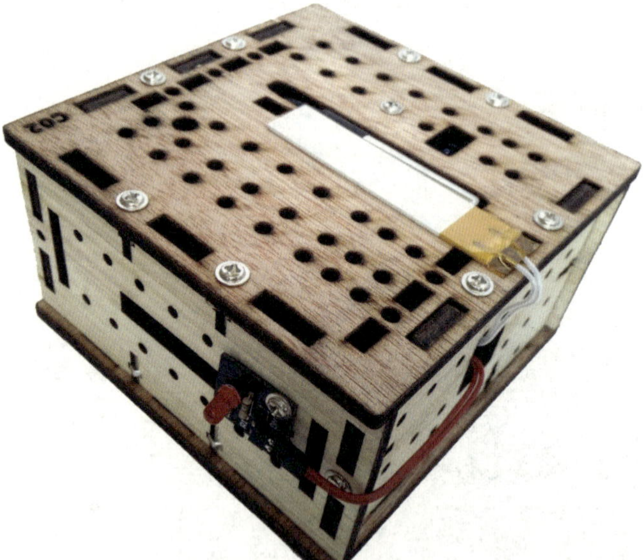

图 11-7　模型效果图

2. 传感器和主板的接线。

如图 11–8 所示，温度传感器接在数字端口 1，红外线传感器接在数字端口 2，LED 灯接在数字端口 3。接线时注意红色线对准端口 V。

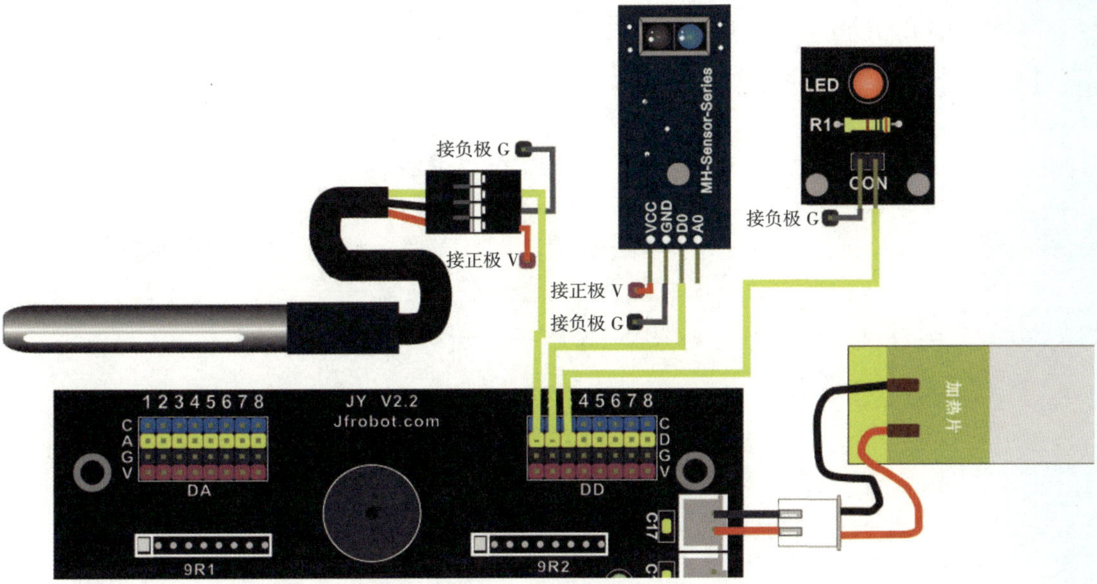

图 11-8　完整硬件接线图

（三）编程调试

打开 Scratch 编程软件，按照图 11-9 的程序代码来进行编程。

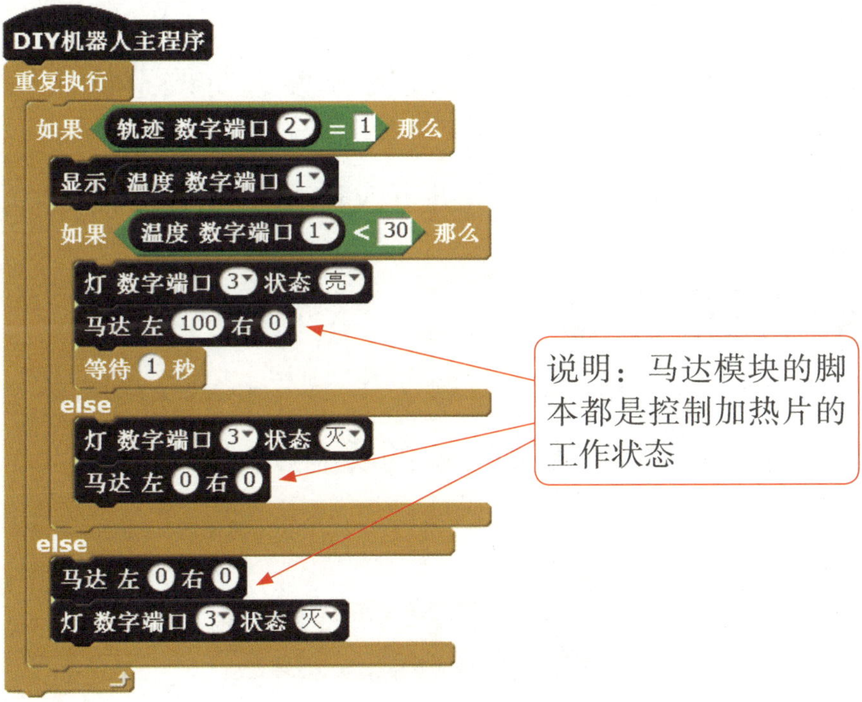

图 11-9　程序代码编写

编写程序后，请同学们把程序下载到主板中运行调试，并在表 11-2 上登记调试记录。

表 11-2　调试记录表

序　号	内容和现象	修改的模块和参数
1	按下电源开关，如果加热片一直升温，可能是什么原因：________________	
2	放上一个杯子，观察是否成功实现加热功能：________________	
3	当杯子拿开后，是否还会加热呢：________________	

（四）修正完善

改造 1：请同学们对保温杯座的外形进行改造，做得更加专业些。

改造 2：对目前的保温杯座进行改进，实现更丰富的功能。

思维发散

请同学们思考一下，对于上面的作品，我们还能做什么改进？能不能用其他传感器实现保温杯座的功能？

创意物化

同学们，在这里我们已经掌握了保温杯座的基本制作原理，学会了加热片的控制方式，加热片除了可以用来制作保温杯座以外，还能用来做什么呢？

1. 头脑风暴，确定主题。

请大家根据本节课所掌握的知识，尝试制作以下作品：（1）恒温地毯；（2）恒温手套；（3）恒温帽子；（4）自己感兴趣的项目，与同学们分享。表 11–3 是创意物化作品的功能说明，请同学们选择自己感兴趣的项目来完成。

表 11–3　创意设计案例参考表

序　号	项　目	功　能
1	恒温地毯	保持地面的温度，让人感受到舒适生活
2	恒温手套	智能穿戴设备，能保持温度的手套
3	恒温帽子	智能穿戴设备，能保持温度的帽子
4		

2. 小组分工，完成表 11–4。

表 11–4　小组人员及分工表

项目名称：＿＿＿＿＿＿＿＿	组别：＿＿＿＿＿＿＿＿	
分工内容	姓　名	备　注
设计组		
编程组		
美工组		
操作组		
讲解组		

3. 作品设计图。

4. 制作过程记录。

交流评价

1. 向同学们展示自己的作品，同时收集同学们给你的意见，并把你的优化计划写在下面的框里。

2. 请同学们利用作品评价表 11–5 对同学或自己的作品进行评价。

表 11–5 作品评价表

评价与收获，请为小星星涂上颜色				
评价指标	创新创意	技术功能	外观设计	分享表达
自己评价	☆☆☆☆☆	☆☆☆☆☆	☆☆☆☆☆	☆☆☆☆☆
学生评价	☆☆☆☆☆	☆☆☆☆☆	☆☆☆☆☆	☆☆☆☆☆
老师评价	☆☆☆☆☆	☆☆☆☆☆	☆☆☆☆☆	☆☆☆☆☆
作品改进建议：				

阅读拓展

认识加热片

电热产品都是冬季里大家经常使用的，现在有一种电热片，能够迅速加热物品。那么电热片应用在什么地方呢？让我们一起来看看吧。

图 11-10　硅胶加热片

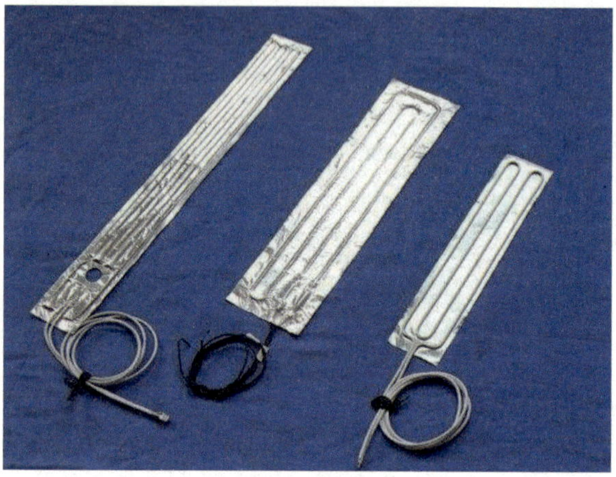

图 11-11　金属加热片

电热片在我们的生活中应用十分广泛，已广泛应用于户外通信设备供热、户外保温防冻、化工设备升温、管道防冻、户外设备后备电池保温、医疗等各种行业。说得更通俗点，电热片因其自身柔软可以弯曲，所以常被用来包覆在一些有弧度的物体外表，实现加热，比如油桶、管道、实验设备等。

第十二章

降温杯
——温度传感器的应用

学习体验

观察与思考

人体能够感觉到气温的变化，冷的时候我们会多穿衣服。那么机器人能够像我们一样感觉到温度的变化吗？

图 12-1　温度传感器检测消防事故

图 12-2　温度传感器应用于室内农场

图 12-3　能感知温度的机器人

任务

利用温度传感器和小风扇制作降温杯，水温超过 35 ℃时，小风扇自动打开，水温降到 35 ℃以下时，小风扇自动停止。

项目筹备

（一）组建团队

请组建你的项目小组，交流讨论并对组内人员进行分工。

（二）准备器材

本项目需要的传感器和其他器材如表 12-1 所示。

表 12-1 所需器材

序 号	名 称	数 量	备 注
1	温度传感器	1 个	监测温度
2	序列灯传感器	1 组	分段表示温度
3	发音模块	1 个	发声提示主板内置
4	小风扇	1 个	吹风降温
5	机器人 DIY 主板	1 块	主控器
6	结构件	1 套	搭建外观
7	螺丝、铜柱	若干	连接结构
8	热熔胶枪	1 支	组装零件与材料

结构件清单如下：

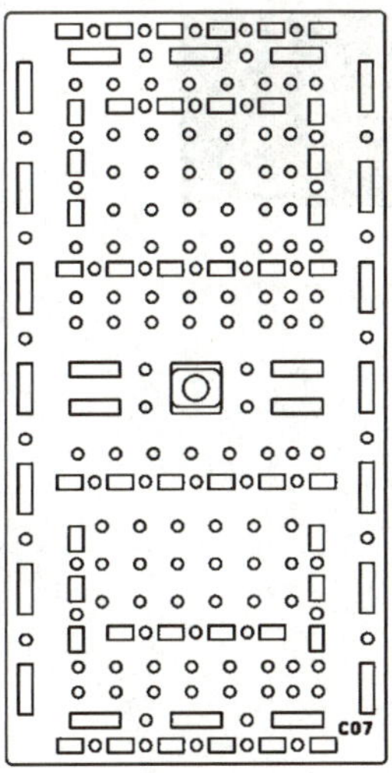

C07 × 1

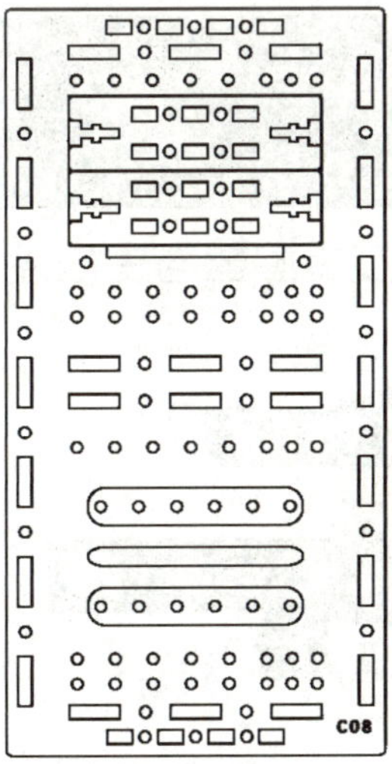

C08 × 1

C09 × 1

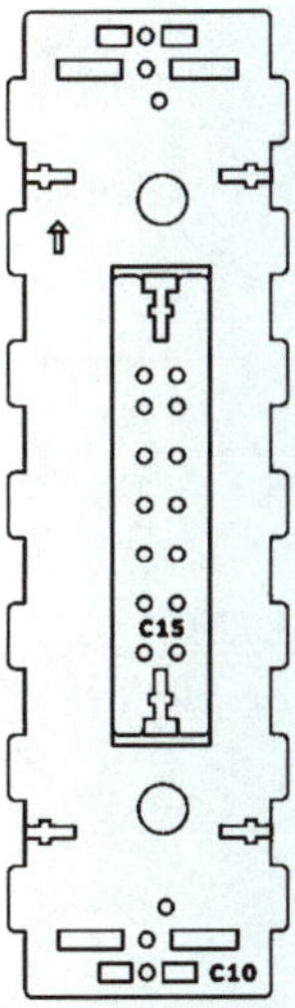

C10 × 1

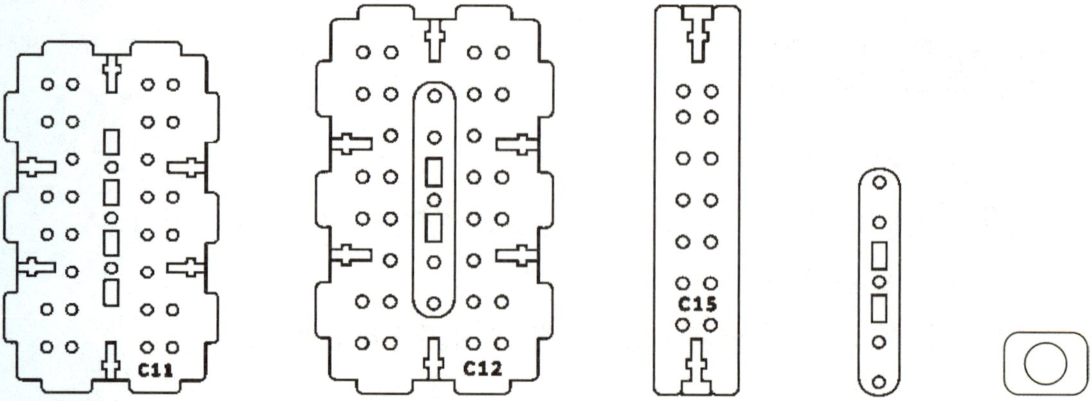

C11×1　C12×1　C15×1　04×2　×1

（三）知识准备

1. 温度传感器。

温度传感器是指能检测周围环境的温度并转换成数字信号输出的传感器。它和主板的接线图如图 12–4 所示，测试程序如图 12–5 所示，温度传感器的编程图标是 

。

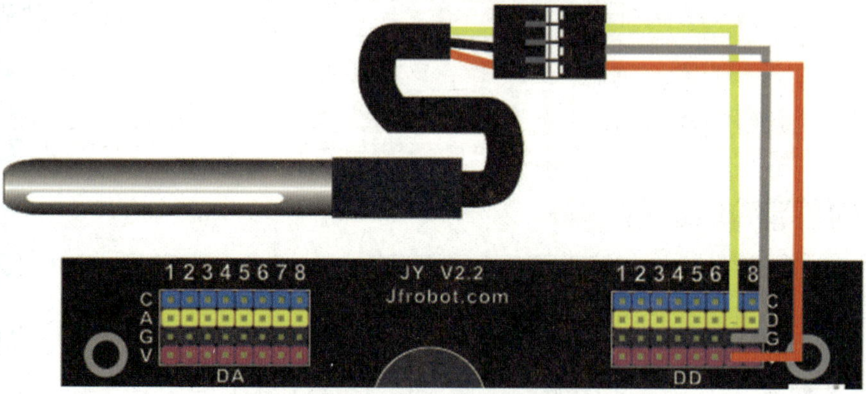

图 12–4　温度传感器与主板接线图

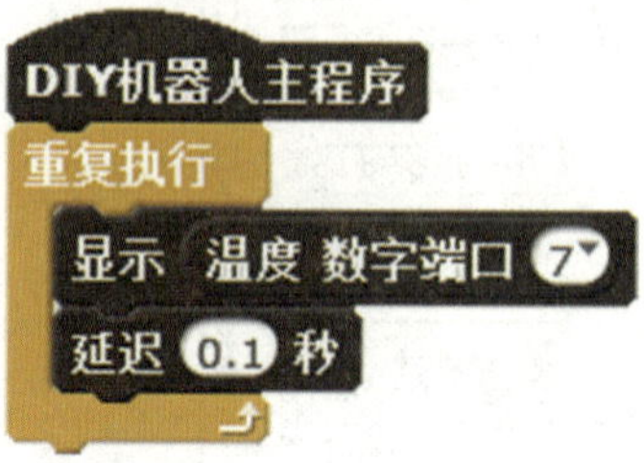

图 12–5　测试程序

2. 序列灯传感器。

序列灯传感器是 6 颗 LED 灯组成的灯组。共用电源 6 条输入线分别接 DD 口的 1 至 6 口控制灯的开关。它和主板的接线图如图 12–6 所示，测试程序如图 12–7 所示，序列灯传感器的编程图标是 灯 数字端口 端口 状态 亮。

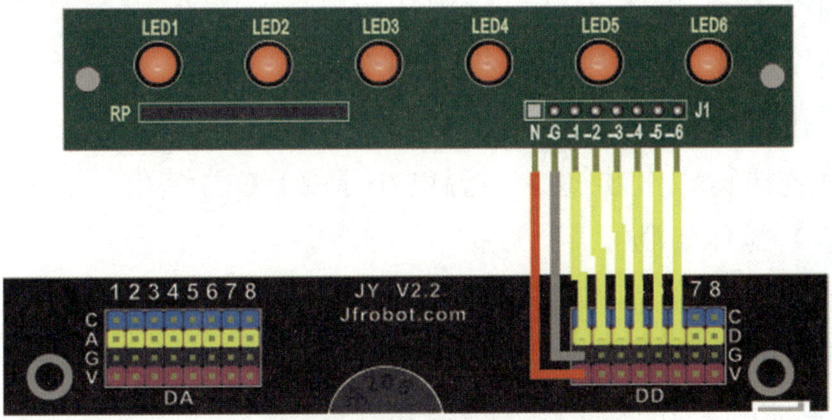

图 12–6　序列灯传感器与主板接线图

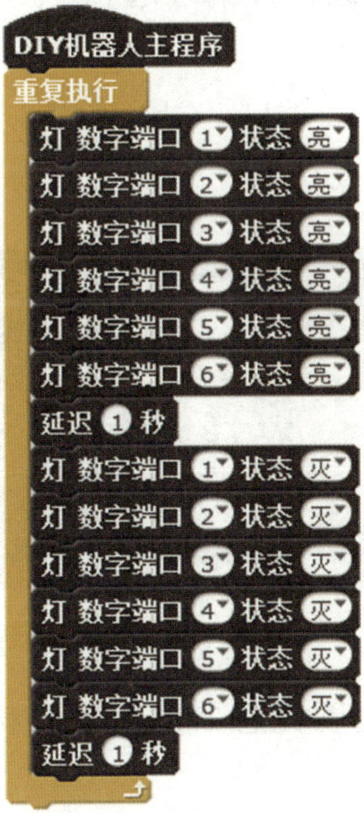

图 12–7　测试程序

动手实践

（一）描述过程

根据任务，分析过程如下：

1. 检测温度并显示温度数值。

2. 温度大于 35 ℃则开启降温风扇。

3. 温度等于 35 ℃则发出提示声音。

4. 用排灯分段表示温度。

5. 重复执行以上步骤，当温度小于 20 ℃时结束。

（二）制作实物

降温杯安装分为两部分，第一部分是主体的搭建与传感器的安装，第二部分是传感器和主板的连接，具体制作步骤如下。

1．主体的搭建。

主体的搭建需要的结构件编号是 C07、C08、C09、C10、C11、C12、C15、04 等。

用结构件 C09、C10、C11、C12 搭建 4 个面，C07 做底板并上好螺丝。再把主板安装在结构件 C07 上。效果如图 12-8 所示。

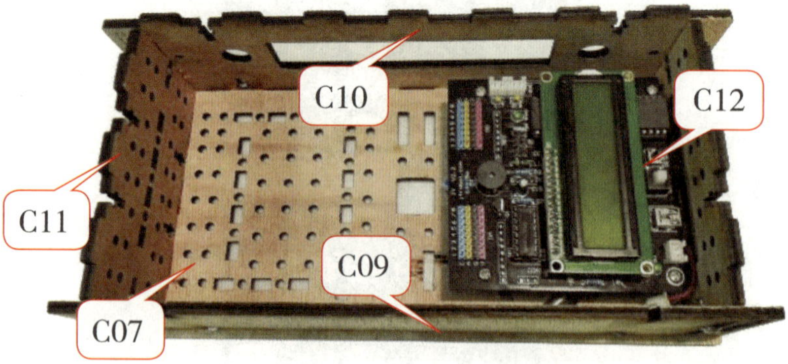

图 12-8　主板安装

使用热熔胶枪把温度传感器固定在结构件 C08 上。效果如图 12-9 所示。

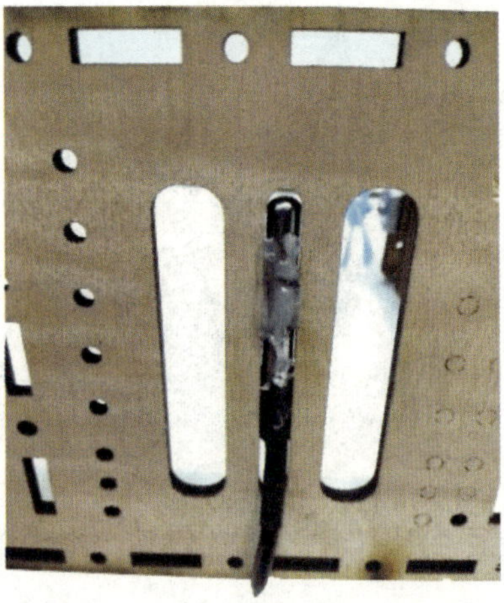

图 12-9 温度传感器固定

用螺丝把结构件 C15 和两个结构件 04 组合起来，中间要夹住小风扇和结构件◎，然后用螺丝安装在结构件 C08 上，再把序列灯传感器安装在结构件 C08 上。效果如图 12-10 所示。

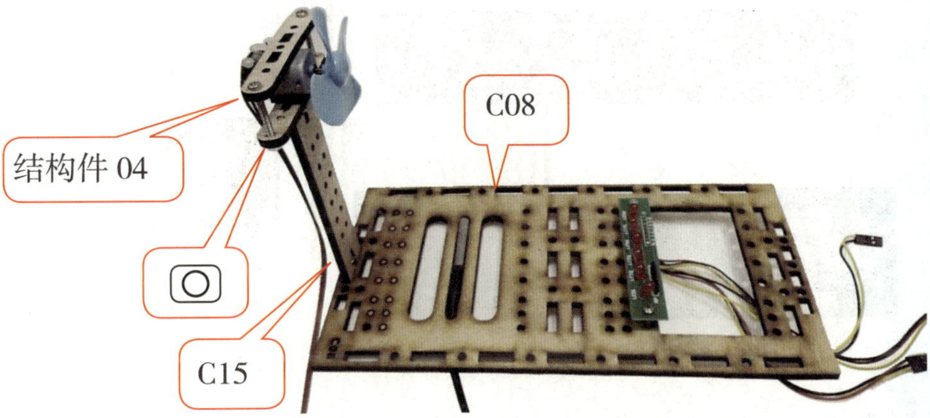

图 12-10 序列灯传感器安装

2. 传感器和主板的连接。

把结构件组成的盒子和盒子盖靠近，把温度传感器、序列灯传感器连接到主板 DD 口，小风扇连接到马达口。如图 12-11 所示。

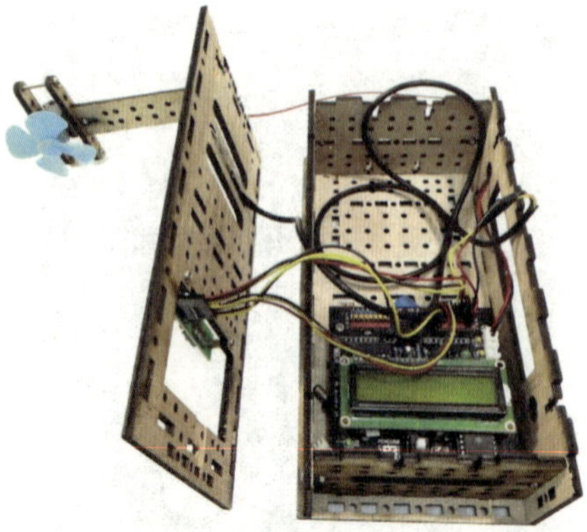

图 12-11　传感器和主板连接

参考完整的硬件接线图，如图 12-12 所示。

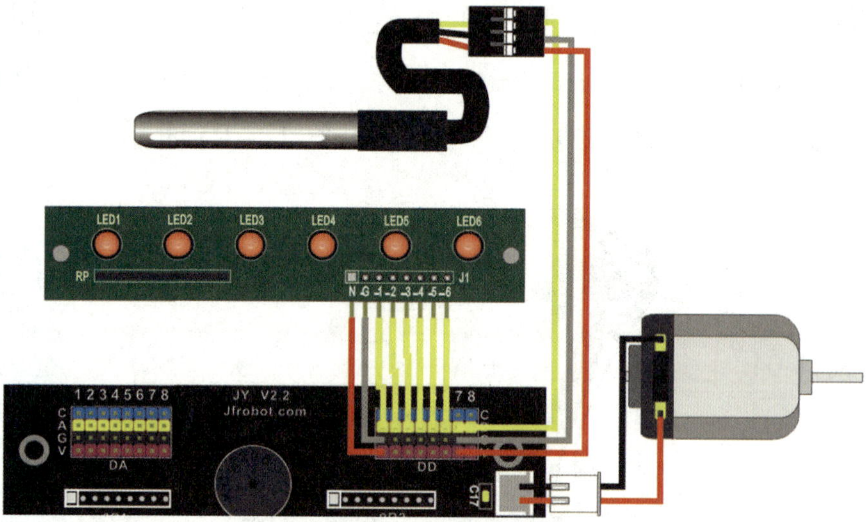

图 12-12　完整硬件接线图

接好线，并把盒子盖合上，成功编写好程序后用螺丝固定。如图 12-13 所示。

图 12-13　模型效果

（三）编程调试

打开 Scratch 编程系统，按照以下步骤来编程调试并运行。

1. 编写主要程序，效果如图 12-14 所示。

2. 在主要程序基础上增加分段亮灯的功能，效果如图 12-15 所示。

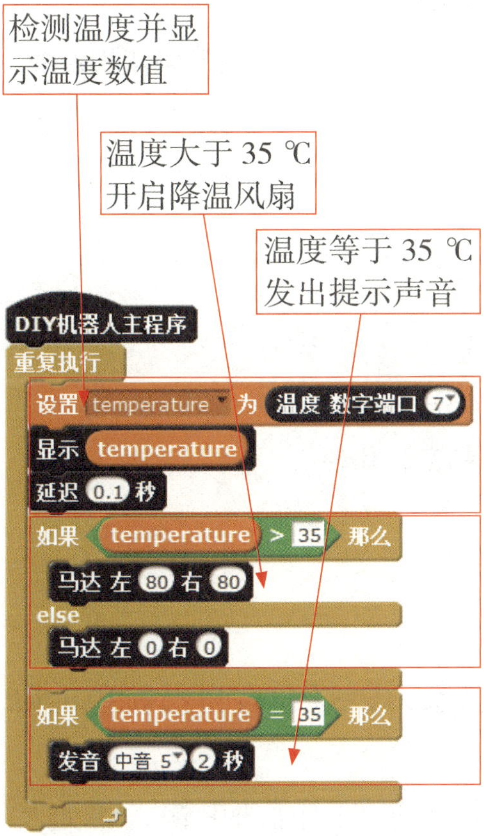

图 12-14　主要程序编写

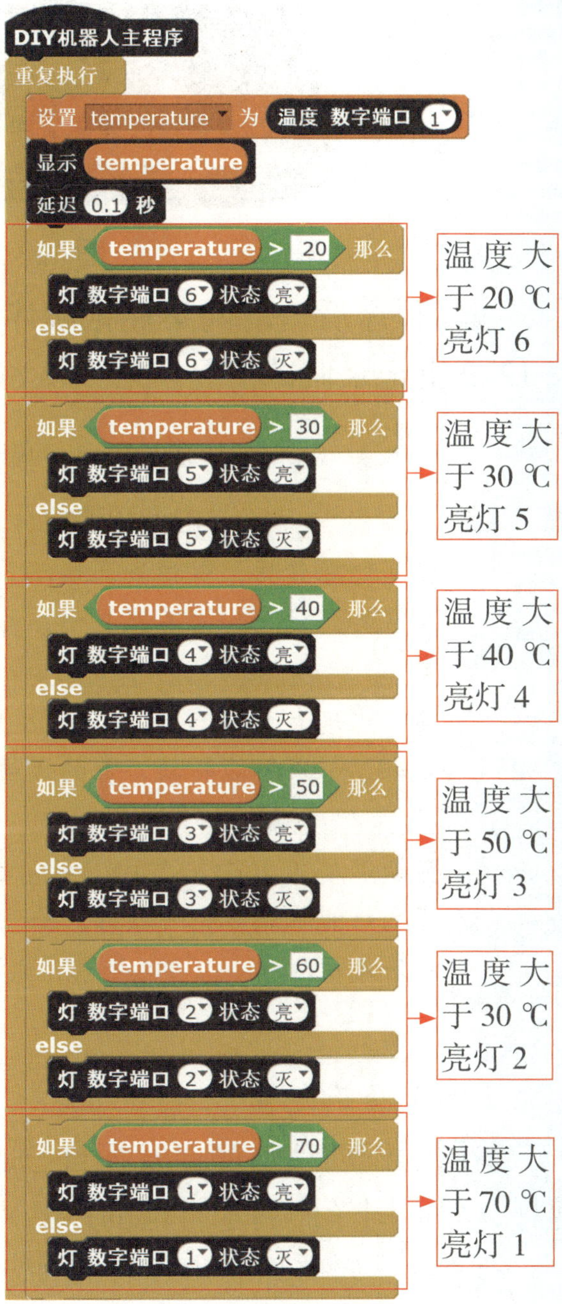

图 12-15　增加功能

3. 测试。用传热较好的不锈钢杯，倒入适量的热开水放在降温装置上。效果如图 12-16 所示。

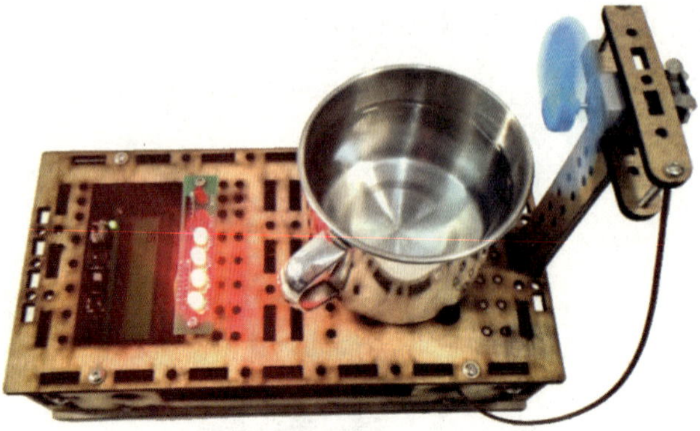

图 12-16

编写程序后，请同学们把程序下载到主板中运行调试，并在表 12-2 上记录调试情况。

表 12-2　调试记录表

序　号	内容和现象	修改的模块和参数
1	按下电源开关，观察液晶显示器能不能显示正常的温度。如果不能显示，你的做法是：________	
2	显示温度大于 35 ℃时，观察小风扇能不能转起来。如果不能转动，你的做法是：________	
3	显示温度为 20—70 ℃时，每增高整 10 ℃时，序列灯能不能多亮一颗灯。如果不能亮，你的做法是：________	

（四）修正完善

请同学们动动脑筋，发挥自己的想象力，打造有自己特色的降温杯，并向同学们展示自己的作品。

改造 1：如何降温更快？多加小风扇使空气流动更快，带走更多的热量。

改造 2：在降温杯外加一个水槽，使杯内热量更快传到水槽。

思维发散

请同学们思考一下，对于上面的作品，我们还能做什么改进呢？

创意物化

同学们，在这里我们已经掌握了降温杯基本制作原理，学会了温度传感器、小风扇、序列灯的控制方式。温度传感器、小风扇、序列灯除了可以用来制作降温杯之外，还能用来做什么呢？

1. 头脑风暴，确定主题。

请大家根据本节课所掌握的知识，尝试制作以下作品：（1）温度语音报警器；（2）保温地毯；（3）婴儿温度安全浴盘；（4）自己感兴趣的项目，与同学们分享。表 12–3 是创意物化作品的功能说明，请同学们选择自己感兴趣的项目来完成。

表 12–3　创意设计案例参考表

序　号	项　目	功　能
1	温度语音报警器	利用温度传感器和录音模块组合成一个当温度超出预设范围时会语音报警的装置
2	保温地毯	利用温度传感器和发热零件组合成一个自动加热的保温地毯
3	婴儿温度安全浴盘	利用温度传感器和婴儿浴盘组合成一个会显示温度的浴盘
4		

2. 小组分工，完成表 12–4。

表 12–4　小组人员分工表

项目名称：________		组别：________
分工内容	姓　名	备　注
设计组		
编程组		
美工组		
操作组		
讲解组		

3. 作品设计图。

4. 制作过程记录。

交流评价

1. 向同学们展示自己的作品，同时收集同学们给你的意见，并把你的优化计划写在下面的框里。

2. 请同学们利用作品评价表 12–5 对同学或自己的作品进行评价。

表 12–5　作品评价表

评价与收获，请为小星星涂上颜色				
评价指标	创新创意	技术功能	外观设计	分享表达
自己评价	☆☆☆☆☆	☆☆☆☆☆	☆☆☆☆☆	☆☆☆☆☆
学生评价	☆☆☆☆☆	☆☆☆☆☆	☆☆☆☆☆	☆☆☆☆☆
老师评价	☆☆☆☆☆	☆☆☆☆☆	☆☆☆☆☆	☆☆☆☆☆
作品改进建议：				

阅读拓展

温度传感器的发展前景

现代信息技术的三大基础是信息采集（传感器技术）、信息传输（通信技术）和信息处理（计算机技术）。传感器属于信息技术的前沿尖端产品，尤其是温度传感器被广泛用于工农业生产、科学研究和生活等领域，数量高居各种传感器之首。温度传感器的发展大致经历了以下三个阶段：（1）传统的分立式温度传感器（含敏感元件）；（2）模拟集成温度传感器（控制器）；（3）智能温度传感器。国际上新型温度传感器正从模拟式向数字式，以集成化向智能化、网络化的方向发展。20世纪90年代中期最早推出的智能温度传感器，采用的是8位A/D转换器，其测温精度较低，分辨力只能达到1 ℃。国外已相继推出多种高精度、高分辨力的智能温度传感器，所用的是9—12位A/D转换器，分辨力一般可达0.5—0.0625 ℃。由美国DALLAS半导体公司新研制的DS1624型高分辨力智能温度传感器，能输出13位二进制数据，其分辨力高达0.03125 ℃，测温精度为 ±0.2 ℃。为了提高多通道智能温度传感器的转换速率，有的芯片也采用高速逐次逼近式A/D转换器。以D7817型5通道智能温度传感器为例，它对本地传感器、每一路远程传感器的转换时间分别仅为27 μs、9 μs。

进入21世纪后，智能温度传感器正朝着开发具有高精度、多功能、总线标准化、高可靠性及安全性特点的虚拟传感器和网络传感器，研制单片测温系统等高科技的方向迅速发展。目前，智能温度传感器的总线技术也实现了标准化、规范化，所采用的总线主要有单线1-Wire总线、I2C总线、SMBμs总线和spI总线。温度传感器作为从机可通过专用总线接口与主机进行通信。

第十三章

智能走廊
——温湿度传感器的应用

学习体验

观察与思考

同学们，天气热时，如果能有凉风送爽会让人舒服；天气干燥时，如果能补充水分也会让人觉得舒适。那么，你觉得学校的走廊能拥有哪些让人更舒适的功能呢？让我们一起观察下面的图片，组建团队完成任务。

图 13-1　未来感的走廊

图 13-2　现代投影走廊

图 13-3　各种特色外观的智能走廊

任务

今天，我们就来制作一个能让人觉得舒适的智能走廊，当温度过高时，会自动启动风扇，空气干燥时能自动补湿。

项目筹备

（一）组建团队

请组建你的项目小组，交流讨论并对组内人员进行分工。

（二）准备器材

本项目需要的传感器和其他器材如表 13–1 所示。

表 13–1　所需器材

序　号	名　称	数　量	备　注
1	温湿度传感器	1 个	检测走廊的湿度和温度数值
2	温度传感器	1 个	检测走廊的温度数值
3	风扇电机	1 个	模拟风扇的启动
4	雾化片	1 个	调节环境湿度
5	机器人 DIY 主板	1 块	主控器
6	结构件	1 套	搭建外观
7	螺丝、铜柱	若干	连接结构
8	热熔胶枪	1 支	粘贴零件与材料

结构件清单如下：

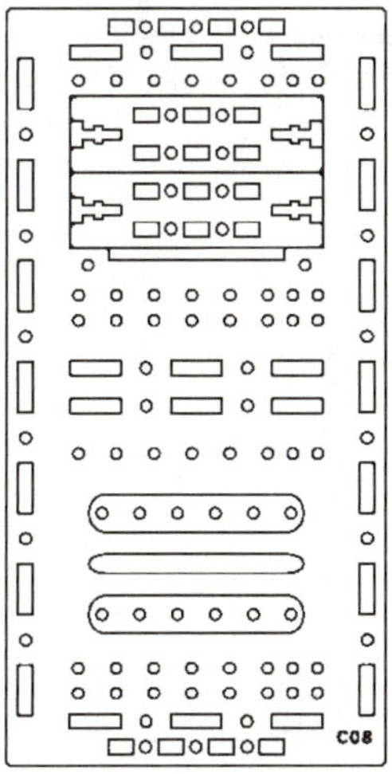

C08 × 1

C09 × 1

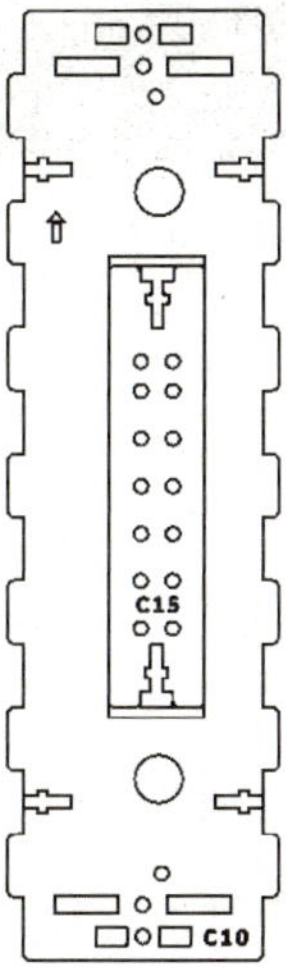

C10 × 1

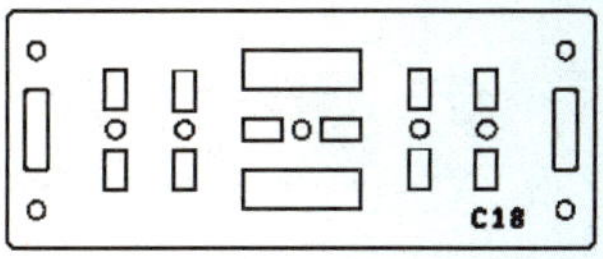

C18 × 2

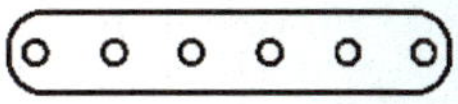
09 × 2

（三）知识准备

1. 温湿度传感器。

温湿度传感器能检测环境的温度与湿度，主要用来感知周围环境的温度与湿度的情况。本项目主要用它来检测环境温度，其编程图标是 空气湿度 数字端口 1 。

2. 雾化片。

雾化片通过超声波震动片把水转化成雾状的水汽，以此提升环境的湿度，一般用于提高生活舒适度，让环境保持湿润。雾化片的编程图标和马达一样，都是 马达 左 100 右 0 。

温湿度传感器与雾化片的硬件连接方式如图 13–4 所示。

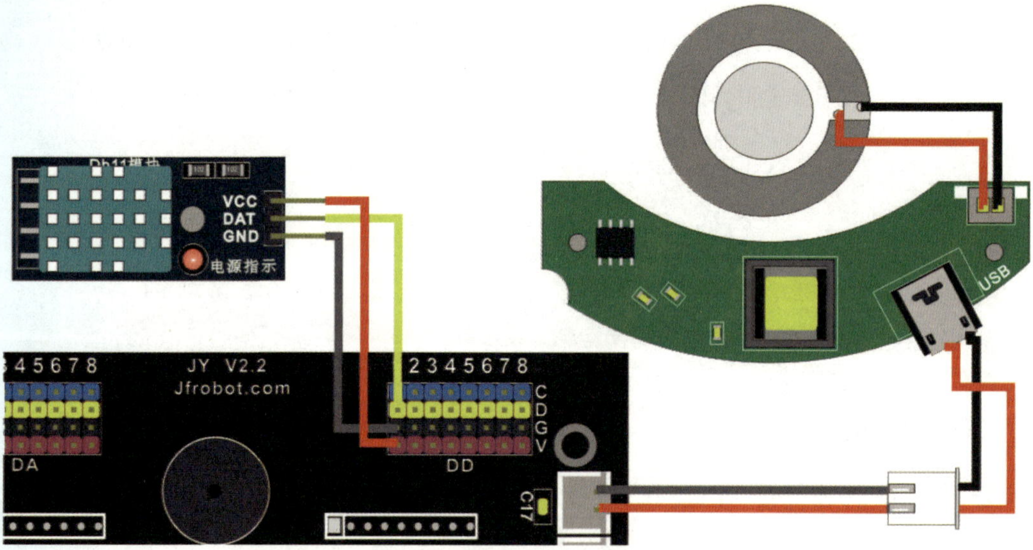

图 13–4　温湿度传感器与雾化片接线图

动手实践

（一）描述过程

根据任务，分析过程如下：

1. 当湿度< 70 且温度> 30 ℃时，启动雾化片与风扇。

2. 当湿度< 70 且温度< 30 ℃时，启动雾化片，关闭风扇。

3. 当湿度＞ 70 且温度＞ 30 ℃时，关闭雾化片，启动风扇。

4. 当湿度＞ 70 且温度＜ 30 ℃时，关闭雾化片与风扇。

（二）制作实物

智能走廊的制作分为两部分，第一部分是主体的搭建和传感器的安装，第二部分是传感器和主板的连线，具体制作步骤如下。

1. 主体的搭建与传感器的安装。

主体的搭建需要的结构件编号是 C08、C09、C10、C18。用 M3 螺丝把主板安装在 C08 结构件上，效果如图 13-5 所示。

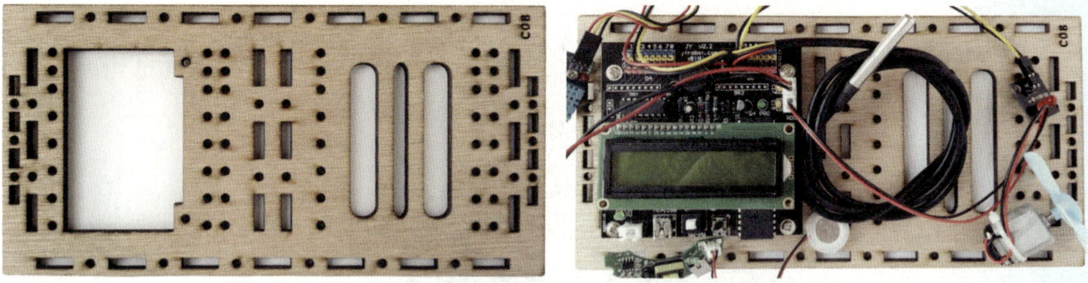

图 13-5　主体搭建

用螺丝把 C09、C10、C18 结构件连接安装成走廊的造型，效果如图 13-6 所示。

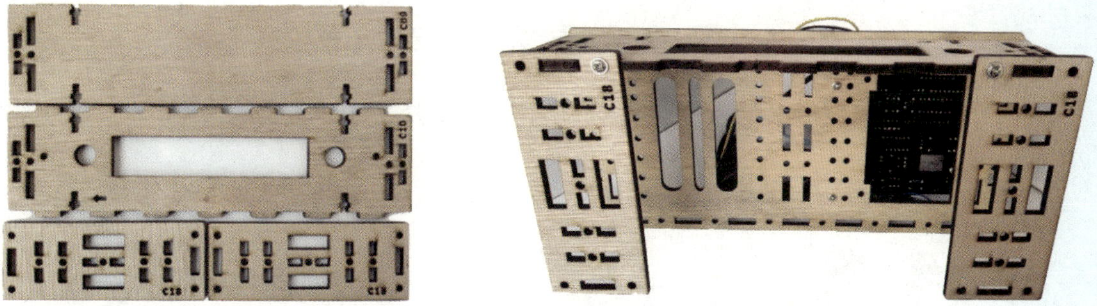

图 13-6　结构件连接

安装雾化片时，要先准备一个小杯子。安装时先把一块棉花放在杯底，然后将雾化片的导线用热熔胶固定在杯内，让雾化片贴紧杯底棉花的上表面（注意：雾化片工作时不能有水覆盖上表面，且下表面要保持湿润）安装好雾化片后记得将雾化片连接到雾化片驱动板上（注意：驱动板不能接触到水）。效果如图 13–7 所示。

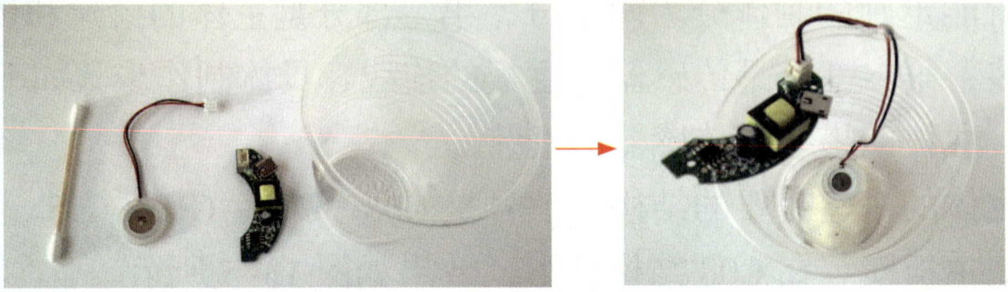

图 13–7　雾化片安装

把 LED 灯、温湿度传感器、雾化片、风扇电机安装在结构件上，效果如图 13–8 所示。

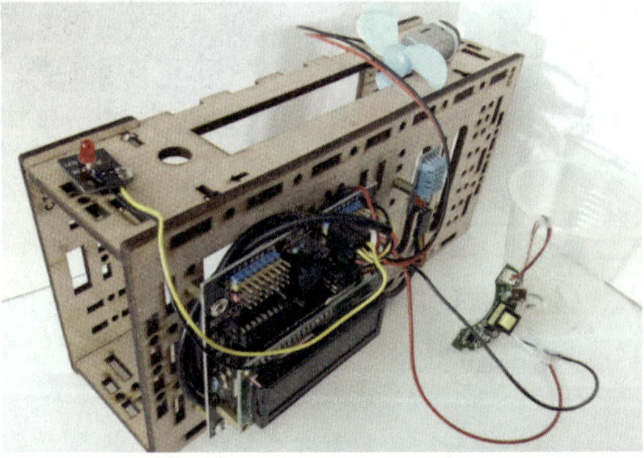

图 13–8　器材组合安装

用结构件 09 和螺丝把风扇电机连接成一个整体支架，效果如图 13–9 所示。

图 13–9　风扇安装

用热熔胶把风扇固定在顶部的开槽处，效果如图 13–10 所示。这样智能走廊的主体搭建和传感器安装就完成了，效果如图 13–11 所示。

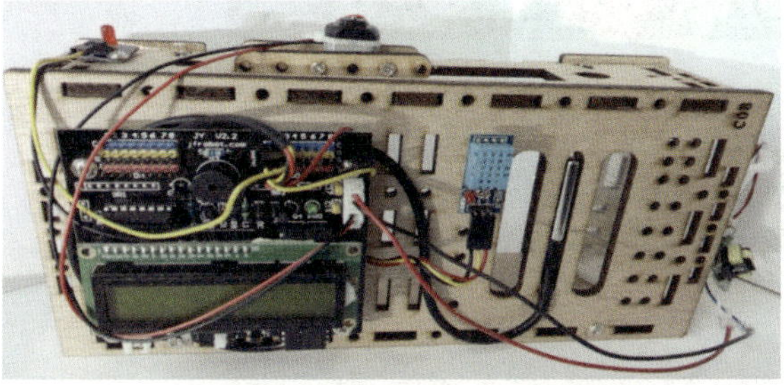

图 13–10　风扇固定

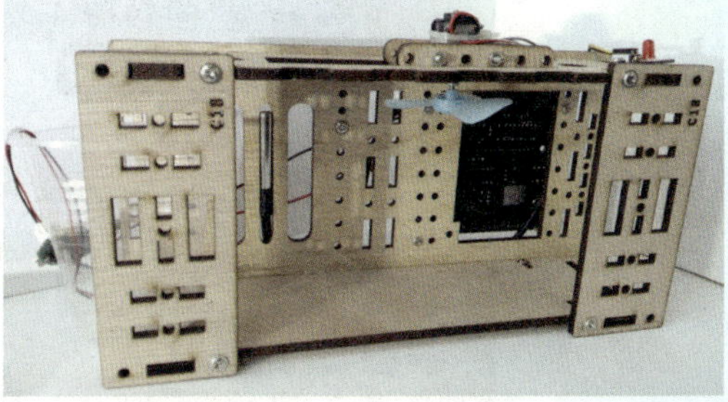

图 13–11　作品完整外观图

2. 传感器和主板的接线。

如图 13–12 所示，温湿度传感器接在数字端口 1，温度传感器接在数字端口 2，LED 灯接在数字端口 3。雾化器与风扇电机接在马达口，接线时注意红色线对准端口 V。

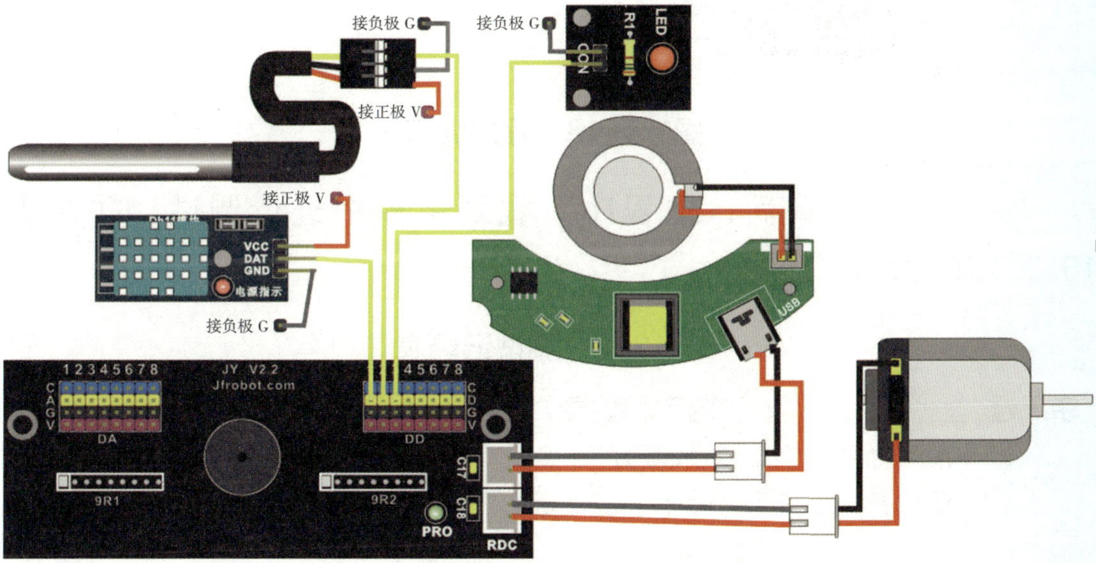

图 13–12　传感器和主板接线图

（三）编程调试

打开 Scratch 编程软件，按照图 13–13 的步骤来进行编程。

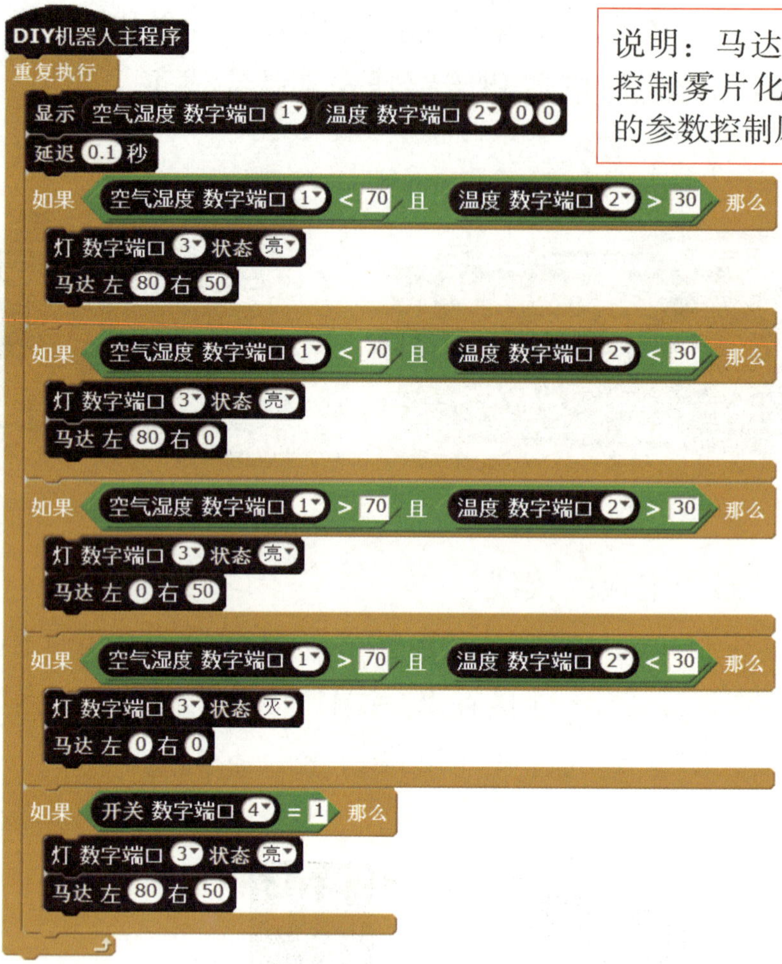

说明：马达左的参数控制雾片化，马达右的参数控制风扇

图 13-13　程序编写

程序编写完成后，把程序下载到主板中进行调试，并在表 13-2 上填写调试记录。

表 13-2　调试记录表

序　号	内容和现象	修改的模块和参数
1	按下电源开关，如果雾片化一直工作，可能是什么原因：________________	
2	工作时，雾化片是否能产生雾化功能：________________	
3	LED 灯和电机风扇是否能按计划工作：________________	

（四）修正完善

改造1：请同学们对智能走廊的外形进行改造，做得更加专业些。

改造 2：对目前的智能走廊进行改进，实现更丰富的功能。

思维发散

请同学们思考一下，对于上面的作品，我们还能做什么改进？能不能用其他传感器实现智能走廊的功能？

创意物化

同学们，在这里我们已经掌握了智能走廊的基本制作方法，学会了温湿度传感器的应用以及雾化片的使用方法。它们除了可以用来制作智能走廊以外，还能用来做什么呢？请大家根据本节课所掌握的知识，尝试制作以下作品。

1. 头脑风暴，确定主题。

请大家根据本节课所掌握的知识，尝试制作以下作品：（1）温湿度检测仪；（2）干衣机；（3）智能育苗箱；（4）自己感兴趣的项目，与同学们分享。表 13–3 是创意物化作品的功能说明，请同学们选择自己感兴趣的项目来完成。

表 13–3 创意设计案例参考表

序 号	项 目	功 能
1	温湿度检测仪	能随时检测环境的温湿度，并能显示数值
2	干衣机	内部环境过于潮湿的时候可以吹风烘干衣物
3	智能育苗箱	检测内部空间温湿度，可以保湿保温
4		

2. 小组分工，完成表 13–4。

表 13–4　小组人员分工表

项目名称：________		组别：________
分工内容	姓　名	备　注
设计组		
编程组		
美工组		
操作组		
讲解组		

3. 作品设计图。

4. 制作过程记录。

交流评价

1. 向同学们展示自己的作品，同时收集同学们给你的意见，并把你的优化计划写在下面的框里。

2. 请同学们利用作品评价表 13–5 对同学或自己的作品进行评价。

表 13–5　作品评价表

评价与收获，请为小星星涂上颜色				
评价指标	创新创意	技术功能	外观设计	分享表达
自己评价	☆☆☆☆☆	☆☆☆☆☆	☆☆☆☆☆	☆☆☆☆☆
学生评价	☆☆☆☆☆	☆☆☆☆☆	☆☆☆☆☆	☆☆☆☆☆
老师评价	☆☆☆☆☆	☆☆☆☆☆	☆☆☆☆☆	☆☆☆☆☆
作品改进建议：				

阅读拓展

迪拜的智能走廊

科技公司 Emaratech 的董事长 Thani Al Zaffin 说：“我们正在发布一款没有门的智能走廊，现在一切具备，只等机场方面做好实地安排。这一系统会先在贵宾乘客区引入，并服务 VIP 乘客。乘客只须走过这条通道就可以完成边检，全程只要几秒钟。这个系统会捕捉乘客的面部特征并进行匹配，但主要还是依赖于移动中的虹膜扫描技术。”这个智能走廊系统将节省乘客过海关进行护照检查时的排队时间，同时还省去许多麻烦。利用数据智能系统，迪拜机场海关通过流程的时间从 40 秒降到了 6 秒。

图 13-14　迪拜国际机场的智能走廊

第十四章

遥控记分牌

——红外遥控器的应用

学习体验

观察与思考

我们坐着看电视时，手拿遥控器就可以轻松换台，欣赏节目。在玩遥控车时，用遥控器就可以控制小车前进、后退和拐弯。遥控器虽小，但起到了很大的作用。在日常生活中，我们还用过什么遥控器呢？

图 14-1　遥控车

图 14-2　遥控智能机器人

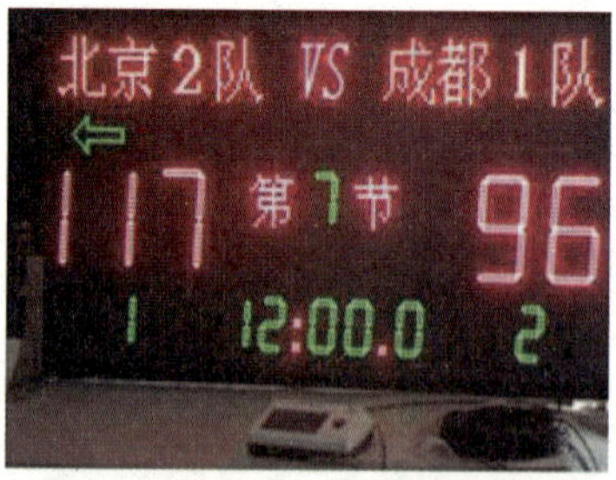

图 14-3　篮球比赛的电子遥控积分牌

任务

今天，我们就利用红外无线遥控套件制作一个遥控记分牌，用它记录比赛得分。

项目筹备

（一）组建团队

请组建你的项目小组，交流讨论并对组内人员进行分工。

（二）准备器材

本项目需要的传感器和其他器材如表 14–1 所示。

表 14–1　所需器材

序　号	名　称	数　量	备　注
1	红外无线遥控套件	1 个	用来遥控记分
2	LED 矩阵面板	1 至 3 个	显示分数
3	接口卡	1 个	接 LED 面板
4	结构件	1 套	搭建外观
5	机器人 DIY 主板	1 块	主控器
6	杜邦延长线	若干	延长连线
7	螺丝、螺丝刀	若干	连接结构
8	热熔胶枪	1 支	组装零件与材料

结构件清单如下：

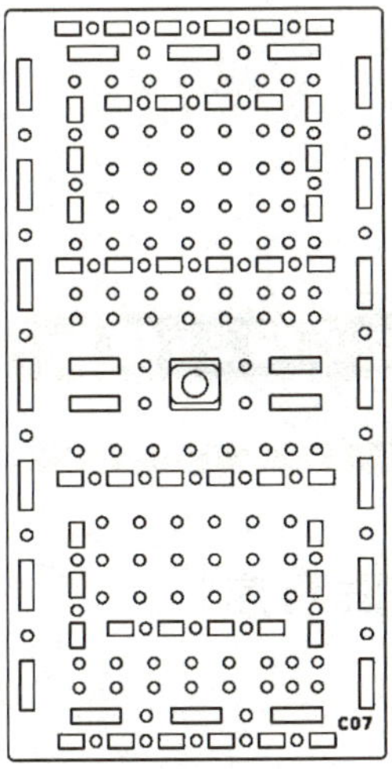

C07 × 1

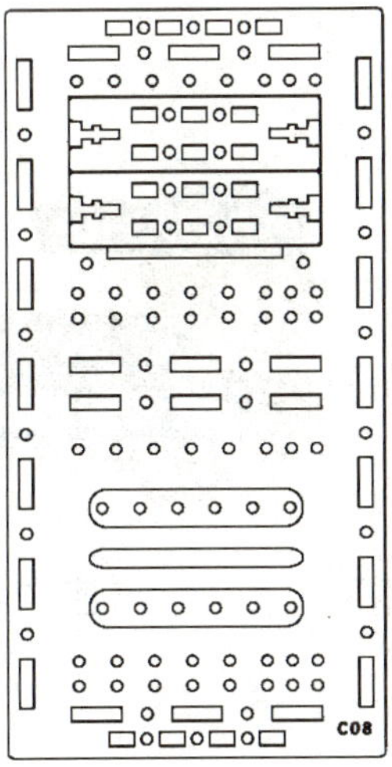

C08 × 1

C09 × 1

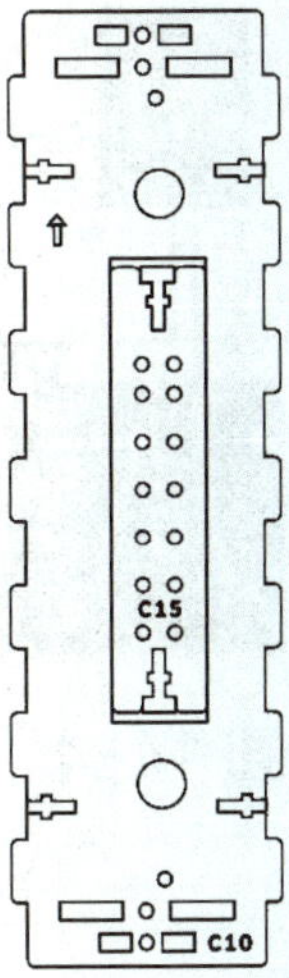

C10 × 1

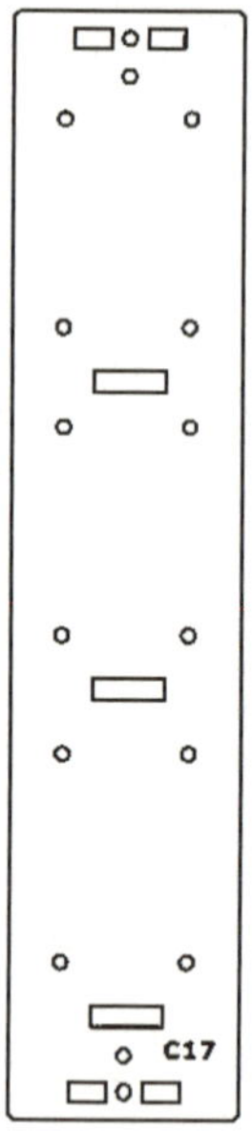

C17×1

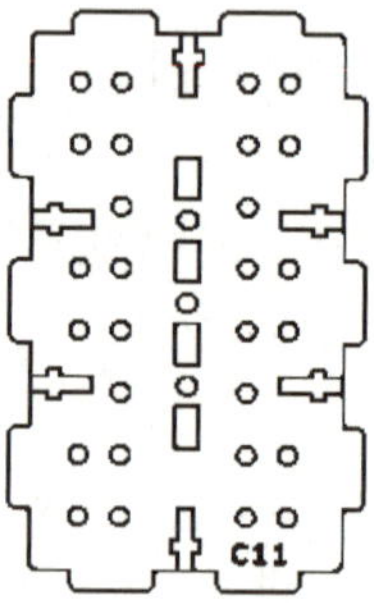

C11×1

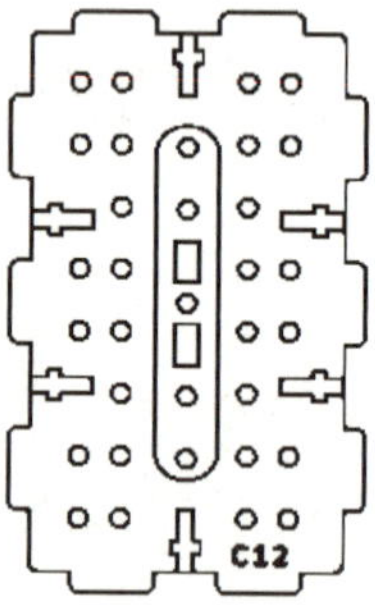

C12×1

（三）知识准备

1. 红外遥控器。

红外遥控器由发射和接收两部分组成，红外遥控是一种无线、非接触控制技术。它和主板的连线和测试程序如图 14–4 和 14–5 所示，红外遥控传感器的端口编程图标是 红外遥控 数字端口 7，判断按下什么键的编程图标是 红外遥控 变量 1 按下 1 。

图 14–4　红外遥控器与主板接线图

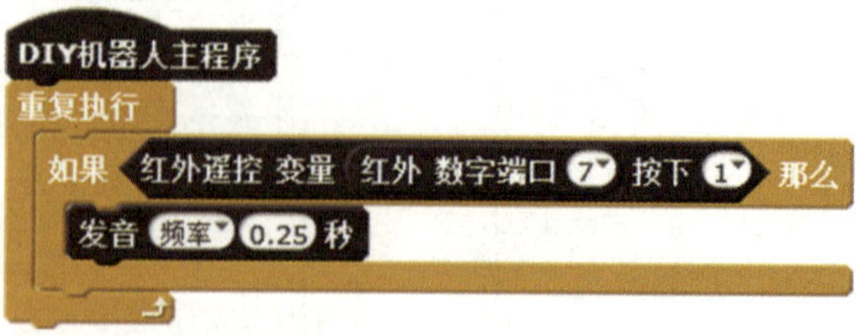

图 14–5　测试程序

2. LED 矩阵面板。

LED矩阵面板只占用3个IO口，就可以控制8×8点阵的显示。可以显示单个数“0”至“9”和英文字母“A”至“Z”。它和主板的连线和测试程序如图14-6和图14-7所示，LED矩阵面板的编程图标是 LED面板 接口 1 显示 0 。

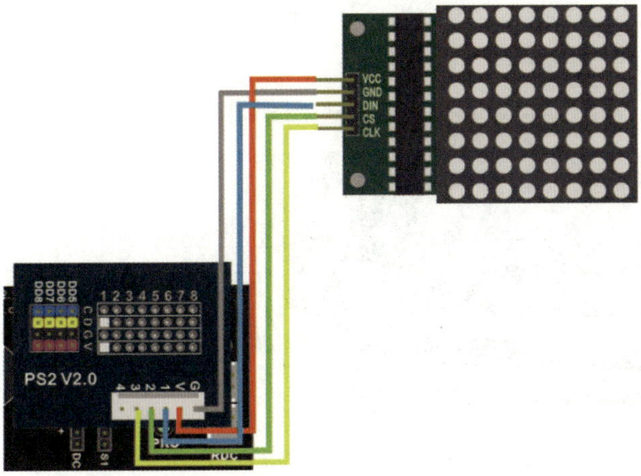

图 14-6 LED 矩阵面板与主板接线图

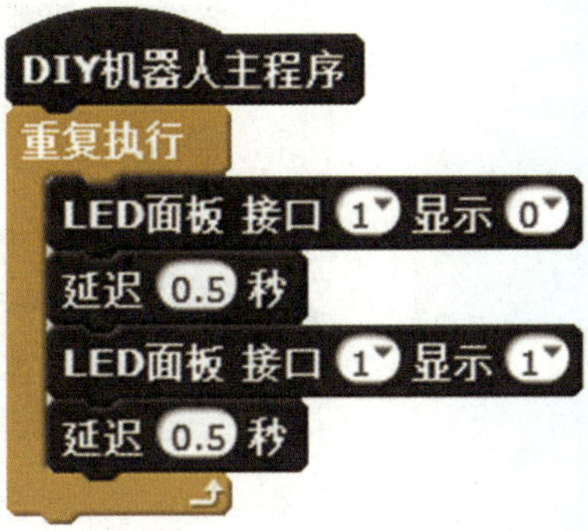

图 14-7 测试程序

动手实践

（一）描述过程

根据任务，分析过程如下：

1. 显示分数。
2. 红外遥控器控制分值：按下“1”键分值加 1 分。
3. 红外遥控器控制分值：按下“2”键分值加 2 分。
4. 红外遥控器控制分值：按下“3”键分值加 3 分。
5. 红外遥控器控制分值：按下“←”键分值减 1 分。
6. 每按一次发一次声响，重复执行第一步。

（二）制作实物

遥控计分牌制作分为两部分，第一部分是主体的搭建与传感器的安装，第二部分是传感器和主板的连接，具体制作步骤如下。

1. 主体的搭建与传感器的安装。

主体的搭建需要的结构件编号是 C07、C08、C09、C10、C11、C12、C17。

用结构件 C09、C10、C11、C12 搭建 4 条边，结构件 C07 做底板并上好螺丝。用螺丝与铜柱把主板固定，在主板上接上接口卡。效果如图 14–8 所示。

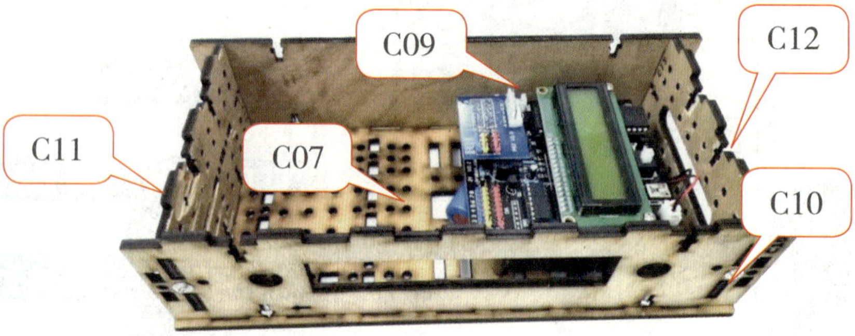

图 14–8　主体搭建

在结构件 C17 右边用螺丝安装 LED 矩阵面板，连上接线。效果如图 14–9 所示。

图 14–9　LED 矩阵面板安装

用铜柱把结构件 C17 固定在结构件 C10 一面上。如图 14–10 所示。

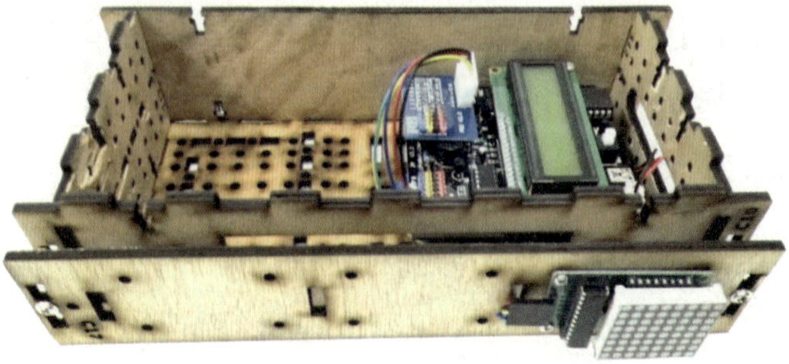

图 14–10　结构件固定

用热熔胶枪把红外遥控接收器固定在结构件 C17 上。效果如图 14-11 所示。

图 14-11　红外遥控器固定

2. 传感器和主板的连接。

如图 14-12 所示，红外遥控接收器接在接口卡的数字端口 8，点阵屏接在接口卡专用端口。接线时注意红色线对准端口 V。

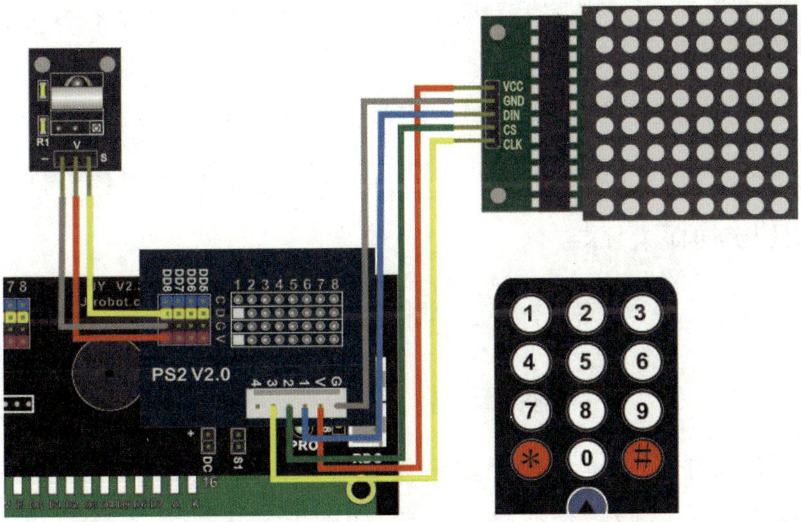

图 14-12　传感器和主板接线图

（三）编程调试

打开 Scratch 编程软件，按照以下步骤来编程调试并运行。

1. 编写子程序 show。

在 LED 矩阵面板和液晶显示器上显示分值。如图 14-13 所示。

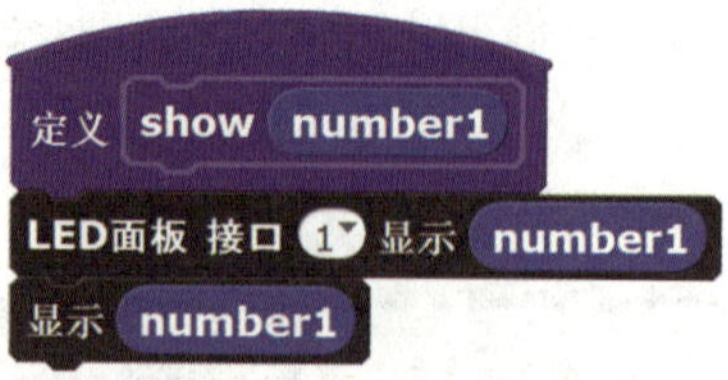

图 14-13　子程序编写

2. 编写主程序，如图 14-14 所示。

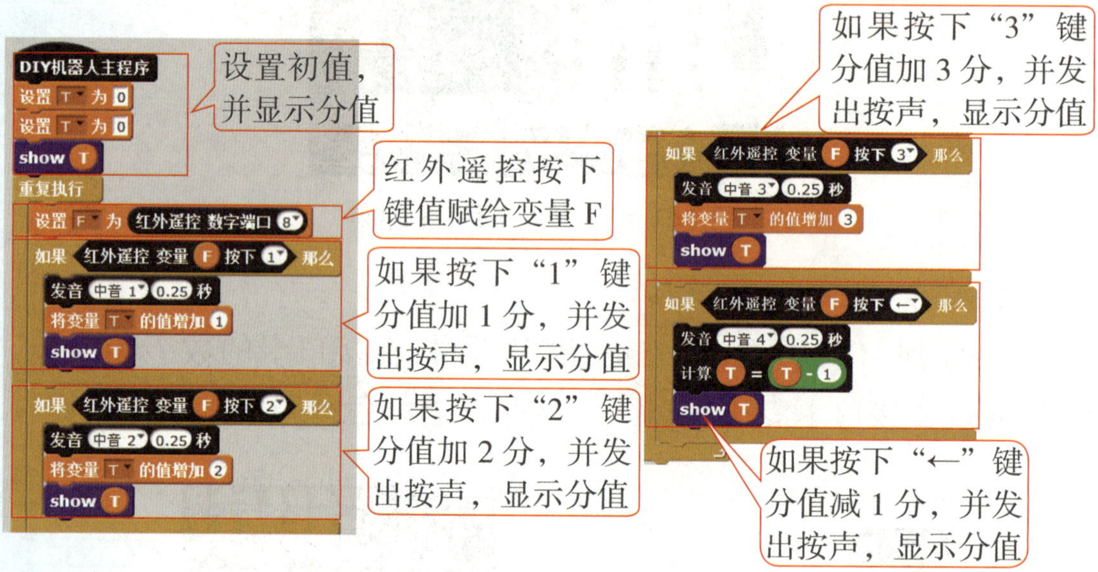

图 14-14　主程序编写

编写程序后，请同学们把程序下载到主板中运行调试，并在表 14-2 上填写调试记录。

表 14-2　调试记录表

序　号	内容和现象	修改的模块和参数
1	按下电源开关，按下红外遥控器，观察接收器能否接收信号。如果不能接收信号，你的做法是：________	
2	观察分数是否正常，如果分数异常，你的做法是：________	
3	液晶屏显示的个位数会在 LED 矩阵面板显示。如果不能显示，你的做法是：________	

（四）修正完善

改造 1：LED 矩阵面板只能显示单个数字，能否显示两位或三位数字。

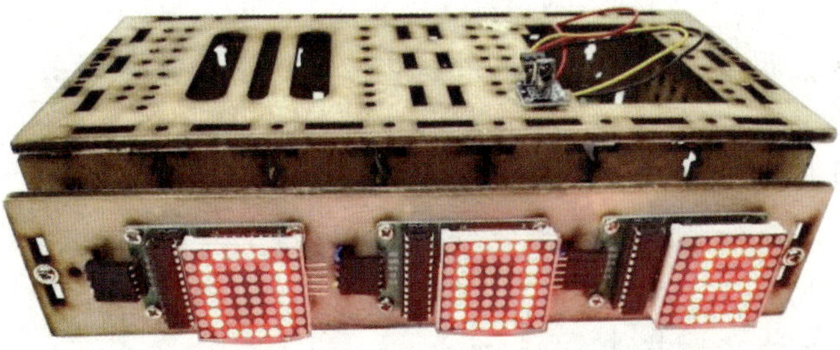

图 14-15　遥控记分牌改造后显示三位数字的效果图

改造 2：使在远处的球员和观众都能从各个方位看到比赛分数。

思维发散

同学们思考一下，对于上面的作品，我们还能做什么改进？能不能用其他传感器来实现？

创意物化

同学们，在这里我们已经掌握了遥控记分牌的基本制作原理，学会了红外无线遥控套件和点阵屏显示器的控制方式，红外无线遥控套件和点阵屏显示器除了可以用来制作遥控记分牌之外，还能用来做什么呢？

1. 头脑风暴，确定主题。

请大家根据本节课所掌握的知识，尝试制作以下作品：（1）遥控灯；（2）遥控风扇；（3）遥控门窗；（4）自己感兴趣的项目，与同学们分享。表 14–3 是创意物化作品的功能说明。请同学们选择自己感兴趣的项目来完成。

表 14-3　创意设计案例参考表

序　号	项　目	功　能
1	遥控灯	利用红外遥控器控制灯的开关、亮度
2	遥控风扇	利用红外遥控器控制风扇的开关、转速
3	遥控门窗	利用红外遥控器控制门窗的开关
4		

2. 小组分工，完成表 14-4。

表 14-4　小组人员分工表

项目名称：________		组别：________
分工内容	姓　名	备　注
设计组		
编程组		
美工组		
操作组		
讲解组		

3. 作品设计图。

4. 制作过程记录。

交流评价

1. 向同学们展示自己的作品，同时收集同学们给你的意见，并把你的优化计划写在下面的框里。

2. 请同学们利用作品评价表 14–5 对同学或自己的作品进行评价。

表 14–5　作品评价表

评价与收获，请为小星星涂上颜色				
评价指标	创新创意	技术功能	外观设计	分享表达
自己评价	☆☆☆☆☆	☆☆☆☆☆	☆☆☆☆☆	☆☆☆☆☆
学生评价	☆☆☆☆☆	☆☆☆☆☆	☆☆☆☆☆	☆☆☆☆☆
老师评价	☆☆☆☆☆	☆☆☆☆☆	☆☆☆☆☆	☆☆☆☆☆
作品改进建议：				

阅读拓展

未来的智能遥控器

智能遥控主要通过智能手机，利用相应的应用程序即可使用手机等移动设备遥控大部分电视机、机顶盒和其他智能家电。在连接Wi-Fi的情况下，用户通过手机可远距离遥控不再需要“对准”，这也就意味着，我们可以在卧室控制客厅里面的电视，而Wi-Fi局域网络的数据处理响应也足够迅速，比常见的蓝牙连接更快，无需担心延迟问题。

以悟空遥控器为例，它提供了四种不同的遥控模式。在手势模式下，用手指在屏幕上滑动，即可模拟方向键，不再需要对应键位。而滑鼠模式则类似于无线鼠标，在用电视浏览网页时，可以更方便地选择、点击内容。用户还可通过语音控制，说出指令开启应用和电视节目。

图 14-16　智能遥控器

第十五章

打地鼠
——触摸传感器、录音模块的应用

学习体验

观察与思考

大家想和机器人握握手吗？机器人和我们握手的时候能感受到我们手的存在吗？触摸传感器就相当于机器人的皮肤，使机器人有触觉，而且这种传感器的应用已经深入到我们生活的方方面面，最常见的智能手机、平板电脑触摸屏，它们都使用了触摸传感器。

图 15–1　平板电脑

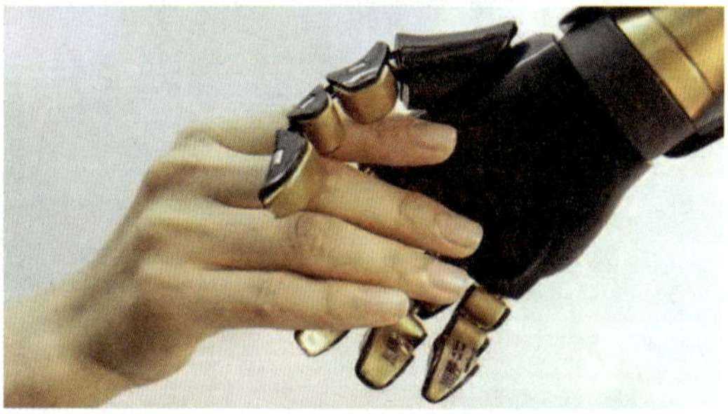

图 15–2　机器人手与人握手

任务

今天，我们利用触摸传感器和录音模块来制作打地鼠装置。

项目筹备

（一）组建团队

请组建你的项目小组，交流讨论并对组内人员进行分工。

（二）准备器材

本项目需要的传感器和其他器材如表 15–1 所示。

表 15-1　所需器材

序　号	名　称	数　量	备　注
1	触摸传感器	3 个	模拟打地鼠的动作
2	录音模块	1 个	声音提示
3	LED 灯传感器	3 个	提示要按对应的按钮
4	机器人 DIY 主板	1 块	主控器
5	结构件	1 套	搭建外观
6	螺丝、铜柱	若干	固定组件
7	热熔胶枪	1 支	组装零件与材料

结构件清单下：

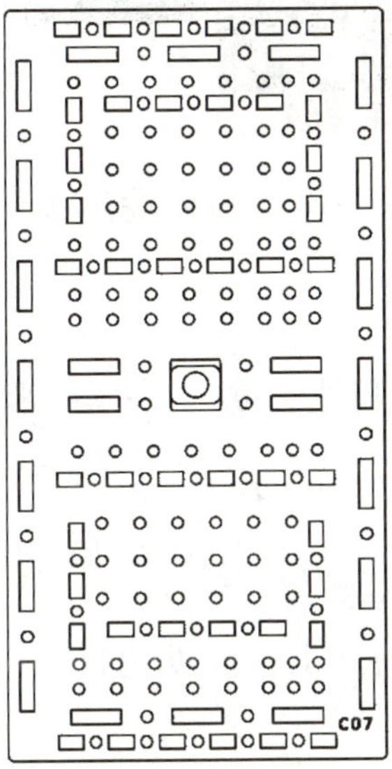

C07 × 1

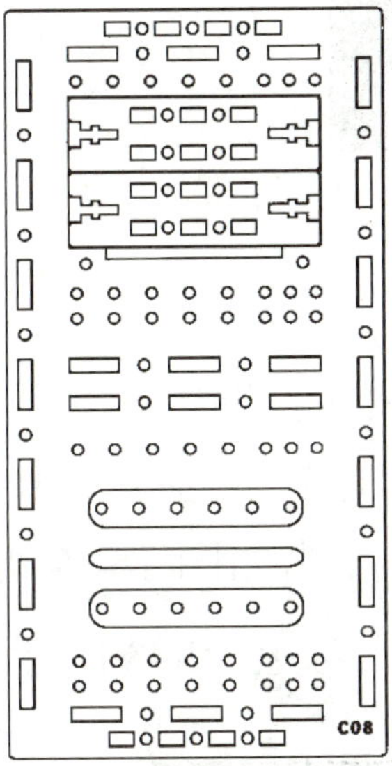

C08 × 1

C09 × 1

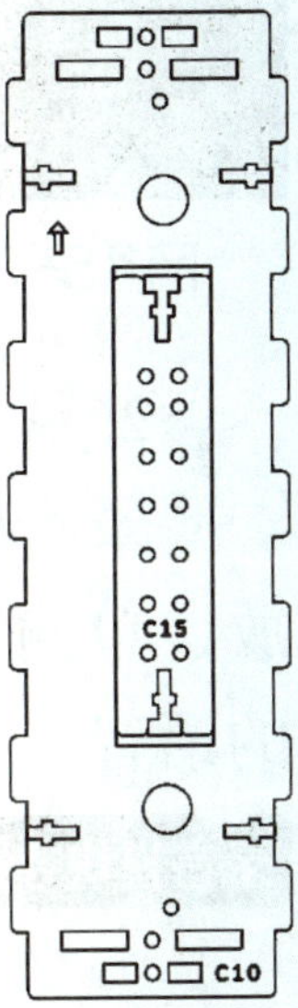

C10 × 1

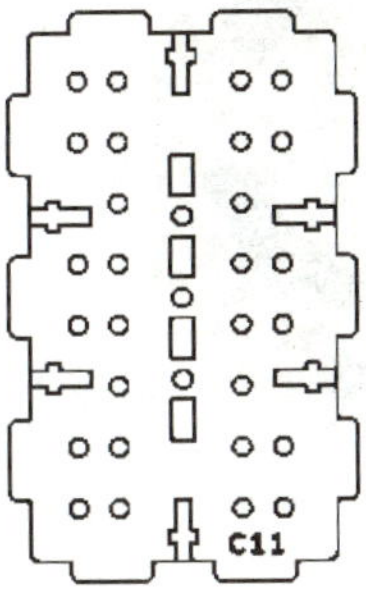

C11 × 1

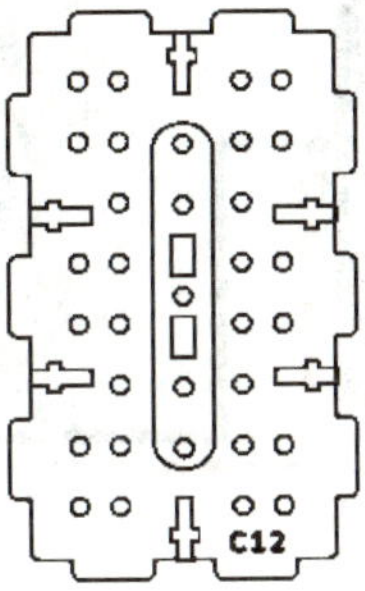

C12 × 1

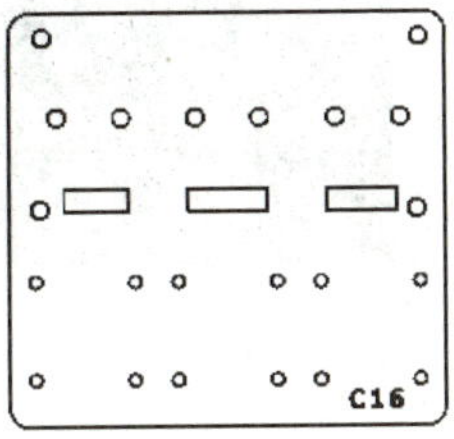

C16 × 1

（三）知识准备

1. 触摸传感器。

触摸传感器的作用是当触摸它时会触发开关信号为 0，当松开时信号为 1，触摸传感器和主板的连线如图 15–3 所示。它的编程图标是 开关 数字端口 4，主板的测试程序如图 15–4 所示。

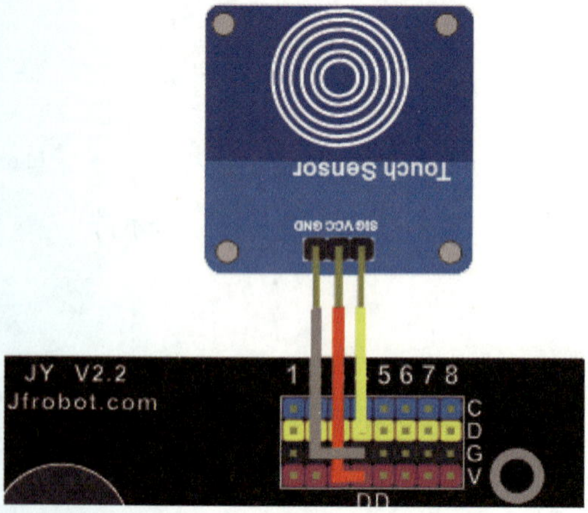

图 15–3 触摸传感器接线图

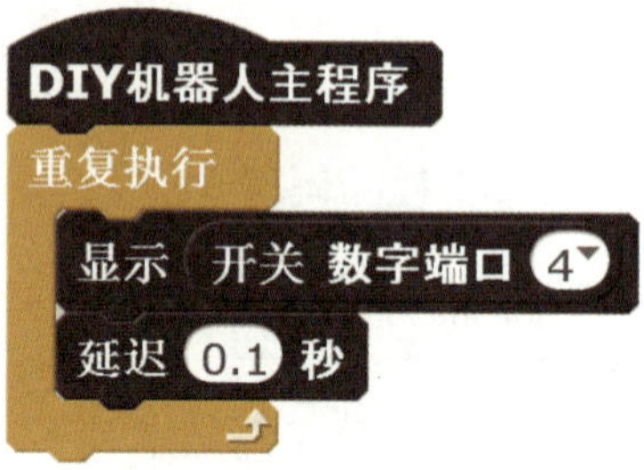

图 15–4 测试程序

2. 录音模块。

录音模块可以录制 10 秒内的声音，具有循环播放、点动播放、单遍播放功能。按住红色按钮录音，P–E 触发播放当前整段的语音。录音模块和主板的接线如图 15–5 所示，它的编程图标是 录音模块 数字端口 7 状态 开，与主板的测试程序如图 15–6 所示。

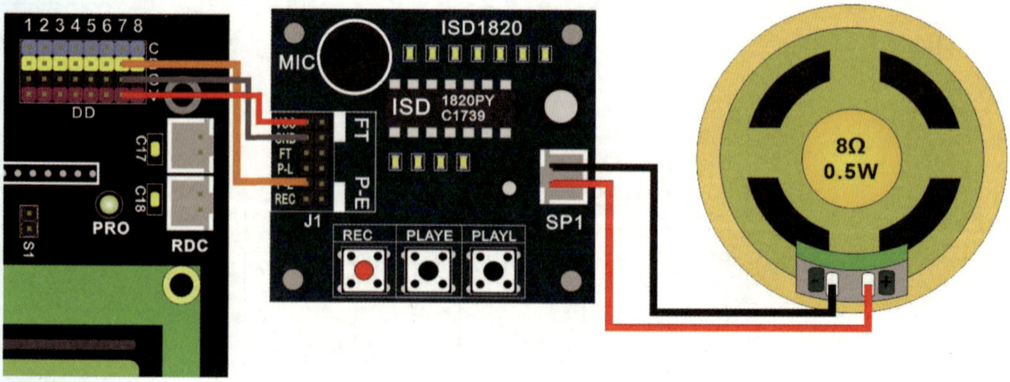

图 15–5 录音模块接线图

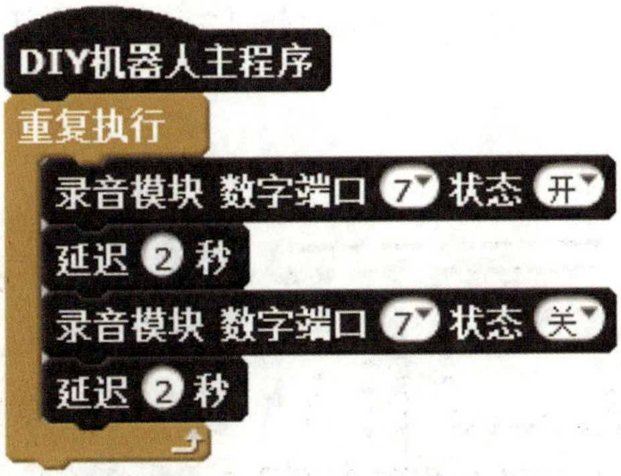

图 15-6　测试程序

动手实践

（一）描述过程

根据任务，分析过程如下：

1. 随机亮灯表示地鼠出现。
2. 发出声音提示打地鼠。
3. 判断是否在规定的时间内按下对应触摸传感器打中了地鼠。
4. 分数统计，打中了加分，没打中减分。

（二）制作实物

打地鼠装置安装分为两部分，第一部分是主体的搭建与传感器的安装，第二部分是传感器和主板的连接，具体制作步骤如下。

1. 主体的搭建。

主体的搭建需要的结构件编号是 C07、C08、C09、C10、C11、C12、C16。用结构件 C09、C10、C11、C12 搭建 4 个面，结构件 C08 做底板并上好螺丝，效果如图 15-7 所示。

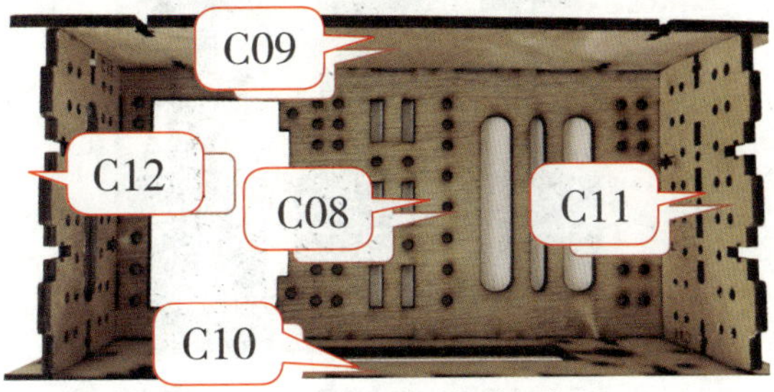

图 15-7　主体搭建

在结构件 C07 上利用螺丝固定 12 mm 的铜柱，安装主板，效果如图 15-8 所示。

图 15-8　钢柱固定

在结构件 C16 上安装 3 个 LED 灯传感器和 3 个触摸传感器，LED 灯和触摸传感器用螺丝固定。效果如图 15-9 所示。

图 15-9　传感器安装

每个传感器分别用杜邦线与主板连接，效果如图 15-10 所示。

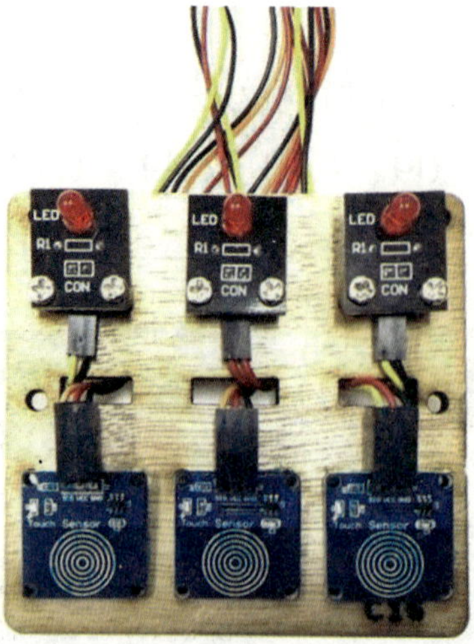

图 15-10　传感器与主板连接

2. 传感器和主板的连接。

用热熔胶把喇叭固定在结构件 C07 的中间位置，用杜邦线延长连线使 3 个 LED 灯传感器分别接在主板数字接口的 D1 至 D3，3 个触摸传感器分别接 D4 至 D6。要求 LED 灯与触摸传感器位置上下对应。D1 对应 D4，D2 对应 D5，D3 对应 D6。用螺丝将结构件 C16 固定在结构件 C07 上。效果如图 15-11 所示。

图 15-11　喇叭传感器连接图

在结构件 C08 上用螺丝固定录音模块。连接线接 D7 口。电源通电按住红色按钮录制一段简短语音，如“打呀！”。按 PLAY-E 试播，检查录音效果。如图 15-12 所示。

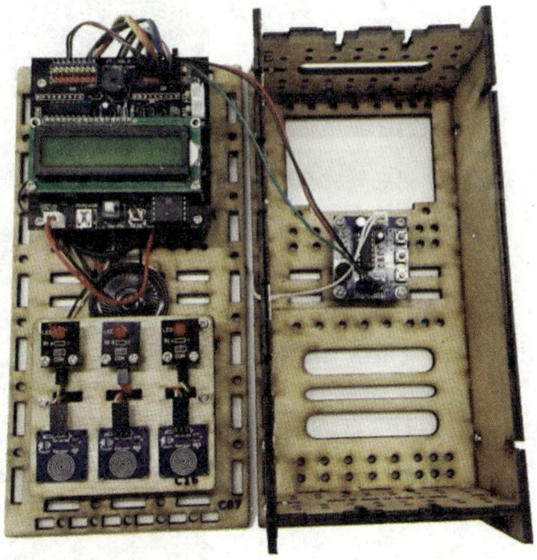

图 15-12　录音模块固定

下面是完整的硬件接线图，如图 15-13 所示。其中有 3 个 LED 灯传感器分别接在 DD1、DD2、DD3，有 3 个触摸传感器分别接在 DD4、DD5、DD6，图中只列举一个。

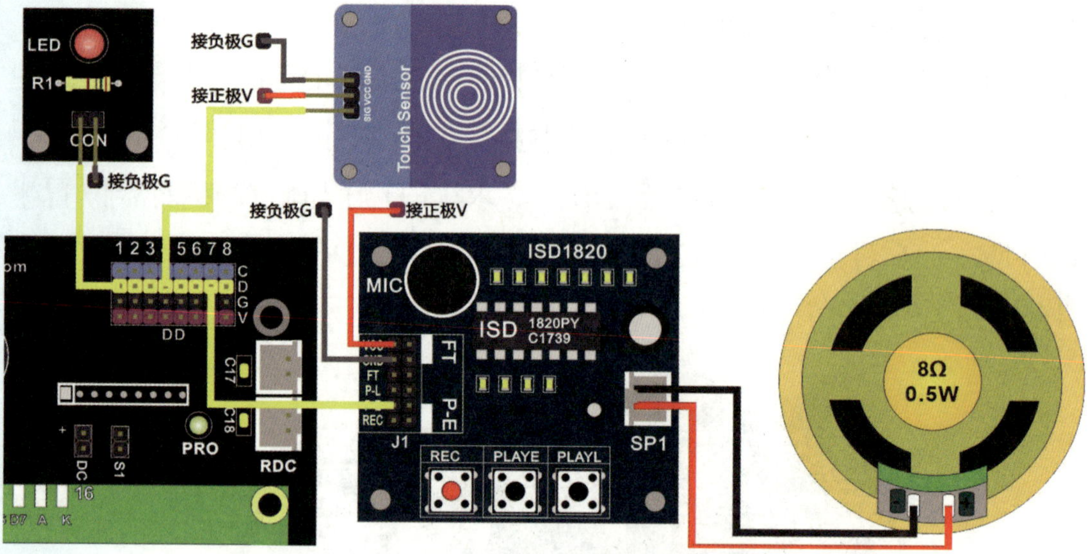

图 15-13　完整硬件接线图

（三）编程调试

检查传感器是否正常工作，测试传感器安装位置是否正确。测试程序如图 15-14 所示。如实现功能：第一个灯亮了，播放录音，按下对应的触摸传感器第一个灯灭；第二个灯亮了，播放录音，按下对应的触摸传感器，第二个灯灭了；第三个灯亮了，播放录音，按下对应的触摸传感器，第三个灯灭了。若传感器正常工作则安装位置正确，可以编写打地鼠程序。

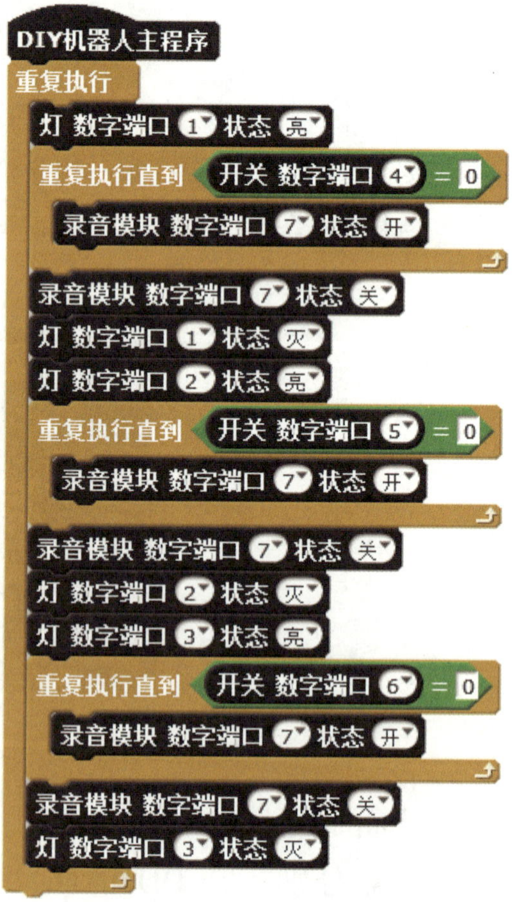

图 15-14　编写程序

在测试程序成功的基础上，打地鼠程序还要改进如下几个功能：随机产生灯亮表示地鼠出现；判断是否在规定的时间内按下对应触摸传感器打中地鼠；分数统计，打中了加分，没打中减分。编写程序如图15–15所示。

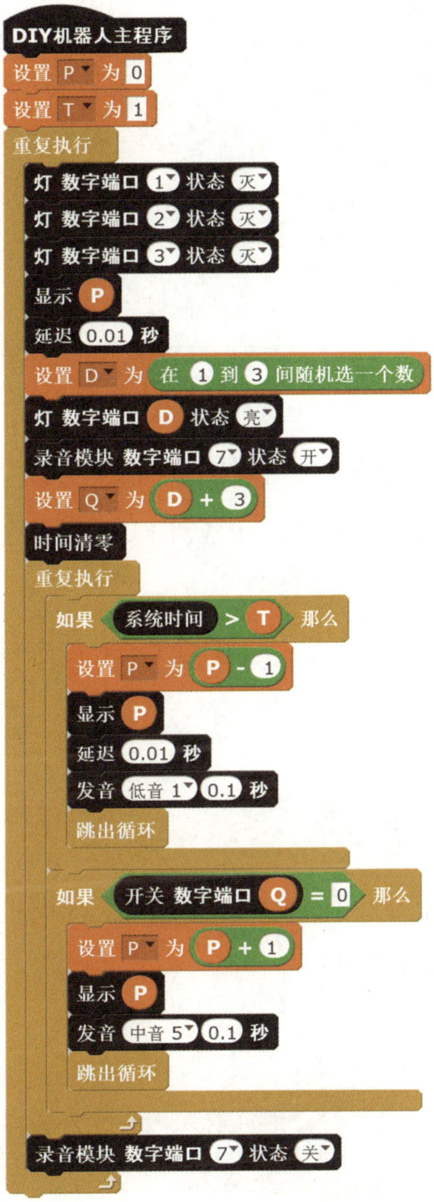

图 15–15　增加功能程序

编写程序后，请同学们把程序下载到主板中运行调试，并在表 15–2 上记录调试情况。

表 15-2　调试记录表

序　号	内容和现象	修改的模块和参数
1	按下电源开关，观察打地鼠装置 LED 灯传感器是否亮。如果不能亮，你的做法是：______	
2	按对应的触摸传感器，观察能不能加分，不按触摸传感器能不能减分。如果不能，你的做法是：______	
3	观察不按触摸传感器有没有播放录音，如果没有，你的做法是：______	

（四）修正完善

改造 1：增加游戏环节，获得 10 积分就胜利，响起高兴的音乐，所有灯都亮，显示"YOU WIN"；获得负分就失败，响起低沉的音乐，所有灯都灭，显示"YOU LOST"。

改造2：设置多个关卡，每过一关反应时间逐渐减少并增加难度。

思维发散

同学们思考一下，对于上面的作品，我们还能做什么改进？能不能用其他传感器来实现？

创意物化

同学们，在这里我们已经掌握了打地鼠装置的基本制作原理，学会了触摸传感器、录音模块、LED 灯传感器的控制方式，触摸传感器、录音模块、LED 灯传感器除了可以用来制作打地鼠机器人之外，还能用来做什么呢？

1. 头脑风暴，确定主题。

请大家根据本节课所掌握的知识，尝试制作以下作品：（1）炫丽钢琴；（2）密码锁；（3）电报机；（4）自己感兴趣的项目，与同学们分享。表 15–3 是创意物化作品的功能说明，请同学们选择自己感兴趣的项目来完成。

表 15–3　创意设计案例参考表

序　号	项　目	要　求
1	绚丽钢琴	利用触摸传感器和小型音响组合成绚丽的电子钢琴。触摸传感器摸琴键，音响发出琴声
2	密码锁	利用触摸传感器和电动开启的锁结构组合成密码锁
3	电报机	利用红外遥控器和电动门窗组合成一个遥控门窗。通过遥控控制门窗的开关等
4		

2. 小组分工，完成表 15–4。

表 15–4　小组人员分工表

项目名称：____________	组别：____________	
分工内容	姓　名	备　注
设计组		
编程组		
美工组		
操作组		
讲解组		

3. 作品设计图。

4. 制作过程记录。

交流评价

1. 向同学们展示自己的作品，同时收集同学们给你的意见，并把你的优化计划写在下面的框里。

2. 请同学们利用作品评价表 15–5 对同学或自己的作品进行评价。

表 15–5　作品评价表

评价与收获，请为小星星涂上颜色				
评价指标	创新创意	技术功能	外观设计	分享表达
自己评价	☆☆☆☆☆	☆☆☆☆☆	☆☆☆☆☆	☆☆☆☆☆
学生评价	☆☆☆☆☆	☆☆☆☆☆	☆☆☆☆☆	☆☆☆☆☆
老师评价	☆☆☆☆☆	☆☆☆☆☆	☆☆☆☆☆	☆☆☆☆☆
作品改进建议：				

阅读拓展

机器人的触觉传感器

在机器人感知能力的技术研究中，触觉类传感器极其重要。触觉类的传感器研究有广义和狭义之分。广义的触觉包括触觉、压觉、力觉、滑觉、冷热觉等。狭义的触觉指机械手与对象接触面上的力感觉。从功能的角度分类，触觉传感器大致可分为接触觉传感器、力—力矩觉传感器、压觉传感器和滑觉传感器等。人类皮肤的感知都是定性却无法定量的。而触觉传感器可以模仿人类皮肤，更让人惊叹的是，还可以把温度、湿度、力等感觉用定量的方式表达出来，甚至可以帮助伤残者获得失去的感知能力。比如一款新型毛状电子皮肤，能使机器人快速分辨出呼吸引起的轻微空气波动或者微弱的心跳震动。这款传感器甚至比人类皮肤更敏感，能够广泛应用于假肢、心率监视器以及机器人中。

如今大热的工业互联网中重要的角色就是工业机器人。著名汽车制造商，比如特斯拉、宝马等的车间几乎见不到一个人，全靠工业机器人来实现组装、喷漆、检测等工作。近年富士康在国内引进数千台机器人取代工人，更是证明了未来制造业采用工业机器人是大势所趋，它赋予机器人的手腕触觉。力传感器安装在机器人和它操作的机台之间，这样两者间的所有力都能被机器人和机台感知和监控。

图 15-16　工业机器人